マッチングゲームの実証分析

中嶋 亮

三菱経済研究所

まえがき

　現代社会では，就職と結婚は人生最大のイベントと考えられている．人々は望ましい就職先や望ましい伴侶を見つけるために，意識的かつ積極的な「就職活動（就活）」や「結婚活動（婚活）」を行っていることは周知のとおりである．このような人と人，人と組織をパートナーとしてマッチさせる，いわゆる**マッチング問題**は多くの経済学者の関心を集めているトピックの一つである．

　たとえば，労働経済学の分野では，労働者と企業の間のマッチングの分析が重点的に行われている．労働市場では，求職労働者はどのような企業を志望し，また，求人企業はどのような労働者を求めているのだろうか？　また，社会格差の問題として夫婦間の格差が指摘されている．近年は高所得者は高所得者と低所得者は低所得者と結婚することが多く，夫婦間の所得格差の原因となっていることが指摘されている．また，データからも結婚する夫婦は経済力，教育水準，職業などの点で似かよっていることも明らかになっている．それでは，婚活中の男女は結婚相手に何を求め，実際にどのような夫婦が誕生しているのであろうか？

　こうした疑問は「最適な相手を選び，最適な相手として選ばれる」という経済主体のマッチング行動をゲーム理論によりモデル化して，その**マッチングゲーム**モデルに依拠した詳細なデータ分析を行うことで答えられる可能性がある．これまでゲーム理論家は，人々が「望ましい」マッチングをどのようにしたら実現できるかという事に関心をもち，それを実現する制度の設計を行うという規範的な経済分析を重点的に行ってきた．

　一方で，マッチングゲームの**実証分析**は，まだ萌芽的段階にある．現

実に観察される経済主体のマッチング行動が，理論モデルと整合的であるのか，また，それがどのような誘因からどのくらい影響を受けるのかを明らかにする実証分析手法が開発されたのは2000年代後半以降である．そこで，本書は新たに開発され研究が進展しつつあるマッチングゲームの実証分析の基本的な技法を紹介する．

　本書を執筆するにあたり，多くの方からご助言とご指導をいただいた．まず，本書の執筆の機会を与えてくださった大山道廣先生（慶應義塾大学名誉教授）に深い感謝の意を表したい．また，渡邊直樹先生（筑波大学）には原稿を丁寧に読んでいただき，大変有益なコメントをいただいた．さらに，公益財団法人三菱経済研究所の前常務理事である青木透氏からは，本書の構想段階から数多くのご助言を，現常務理事である滝村竜介氏からは，本書の草稿に対して有益なご指摘をいただいた．以上の方々には，心から深謝の意を捧げる次第である．

2014年10月30日

中嶋　亮

目　　次

第 1 章　はじめに ··· 1
　1.1　結婚問題 ··· 1
　1.2　顕示選好分析 ··· 3
第 2 章　結婚問題の NTU ゲーム ···································· 7
　2.1　はじめに ··· 7
　2.2　モデル ··· 7
　　　2.2.1　マッチングの安定性 ··································· 10
　　　2.2.2　受入留保アルゴリズム ································· 11
　2.3　顕示選好分析 ··· 14
　　　2.3.1　メカニズム ··· 14
　　　2.3.2　確率効用モデル ······································· 15
　　　2.3.3　確率効用モデルの関数型 ······························· 17
　　　2.3.4　結婚問題の構造と構造パラメータ ······················· 19
　2.4　安定マッチングの複数性 ····································· 21
　　　2.4.1　メカニズムの制約 ····································· 23
　　　2.4.2　選好の制約 ··· 24
　　　2.4.3　注意点 ··· 26
　2.5　構造パラメータの推定 ······································· 26
　　　2.5.1　尤度関数と最尤推定法 ································· 27
　　　2.5.2　シミュレーション最尤法 ······························· 29
　　　2.5.3　シミュレーション積率推定法 ··························· 32
　2.6　実証研究例 ··· 38

2.7	まとめと展望	39
第3章	結婚問題の TU ゲーム	41
3.1	はじめに	41
3.2	モデル	44
	3.2.1　セットアップ	44
	3.2.2　安定性条件	46
	3.2.3　効用最大化と別払い設定	50
	3.2.4　オークション・アルゴリズム	52
3.3	顕示選好分析	55
	3.3.1　メカニズムと割当	55
	3.3.2　NTU ゲームとの相違点	57
	3.3.3　マッチ価値の識別条件	58
3.4	Choo-Siow の確率効用モデル	60
	3.4.1　確率効用	60
	3.4.2　タイプ別マッチ価値	64
	3.4.3　ゲームの構造と構造パラメータ	66
	3.4.4　構造パラメータの識別条件	66
	3.4.5　需給均衡条件：安定マッチング	68
	3.4.6　需給均衡条件：観察されるマッチング	71
	3.4.7　タイプ別マッチ価値識別のための十分条件	74
3.5	結婚–独身問題への拡張	79
	3.5.1　確率効用	79
	3.5.2　結婚からの期待効用	82
3.6	構造パラメータの推定	86
	3.6.1　計量経済モデルの定式化	86
	3.6.2　安定マッチングの確率分布	87
	3.6.3　最小距離推定	88
3.7	実証研究例	90

3.8　まとめと展望 …………………………………………………… 91

関連文献 …………………………………………………………………… 93

第 1 章　はじめに

1.1　結婚問題

　本書ではマッチング問題のうち**結婚問題**と呼ばれる比較的単純なマッチングゲームを対象にする顕示選好分析を解説を行う[1]．結婚問題とは婚活中の男性と女性にそれぞれ異性の結婚相手を割り当てる問題である[2]．そこでは男性グループと女性グループといった異なる属性のグループ属するプレイヤーの間に発生するマッチが発生するため[3]，結婚問題におけるマッチ方式は**両側マッチング (two-sided matching)** と呼ばれる[4]．また，結婚問題では，男性と女性はそれぞれ一人の異性と結婚する．この結果，一人の男性と一人の女性の間にマッチが生じるが，このようにあるグループの一人のプレイヤーが別のグループの一人のプレイヤーとマッチを組むマッチング方式は**一対一マッチング**

---

[1] マッチングゲームの理論に関するすぐれた研究書として Roth and Sotomayor (1992) がある．また，マッチングゲームの理論の日本語の教科書としては，坂井 (2010) がある．

[2] 山田・白川 (2008) は，結婚相手を見つける一連の活動のことを「結婚活動」，略して，「婚活」と名付けた．

[3] 先行研究では，マッチとは二人のプレイヤーのペアの間に発生する組み合わせであり，マッチングは発生したすべてのマッチを指すことが多い．本稿でもそのような使い分けに従う．

[4] 一方，同じグループに属するプレイヤーの間にマッチが生じるマッチング方式は片側マッチング (one-sided matching) と呼ばれる．片側マッチングは学生寮のルームメイトとして二人の学生を割り当てる場合に発生する．

(one-to-one matching) とも呼ばれる[5].

結婚問題は両側かつ一対一マッチングにおけるゲーム的な状況を分析するものであり,「結婚・婚活」や「男性・女性」といった用語は状況の例を理解しやすい形で説明する便宜上のものである.よって,結婚問題は男性と女性の結婚や婚活以外にも,両側かつ一対一マッチングが行われるさまざまな状況を含んでいる[6].一方で,マッチング理論では一対一かつ両側マッチング以外のさまざまなマッチ方式についてもモデル化され,ゲームモデルに依拠した詳細な分析が行われている.しかしながら,本書ではそのような結婚問題以外のマッチングについては分析の対象としない[7].

また,結婚問題では参加する男女がそれぞれ自分の好み(選好)に従って異性の相手を結婚相手として選ぶことが仮定される.この相手に対する選好は結婚することで得られる効用(または価値)により相手を順序づけたものとも考えることができる.よって,結婚問題では,男性も女性もそれぞれの効用が最大になるような結婚相手を選ぶことが想定されている.この結婚問題における男女のマッチング行動をゲームとして定式化する際に,男女間で効用が移転可能ではないという前提で分析を行うゲームを**非譲与可能効用 (Non-Transferable Uitility, NTU)** ゲームという.一方,男女間で貨幣を通じて効用が移転可能であるという前提で分析を行うゲームを**譲与可能効用 (Transferable Utility, TU)** ゲームという.結婚問題はNTUとTUの二つのゲームによる定式化が

---

[5]両側マッチングであってもマッチが一対一ではない場合もある.たとえば,一つの病院に複数の研修医を配属する問題は多対一の両側マッチングの一例である.

[6]たとえば,企業と経営者の間のマッチングは両側かつ一対一のマッチングであり結婚問題として定式化することができる.

[7]結婚問題の顕示選好分析で紹介した手法は,適切な仮定を加えることで,両側かつ一対一のマッチングゲーム,たとえば,片側マッチングゲームや,両側かつ多対一のマッチングゲームを対象とする顕示選好分析にも応用可能であるかもしれない.しかし,マッチングゲームの顕示選好分析では,これまでのところ結婚問題以外では体系的な実証研究は行われていない.

可能であり[8]．本書の顕示選好分析でも，そのそれぞれのゲームについて手法の解説を行う．結婚問題の NTU ゲームは第 2 章で取り扱い，結婚問題の TU ゲームは第 3 章で取り扱う．

なお，本書の分析対象である結婚問題では，男性と女性は自分が希望する結婚相手を瞬時に，しかも無料で探し出すことができるということを仮定している．つまり，誰が結婚相手を探していて，どのような相手を求めているかという情報はすべての男女に完全に共有されており，男女の出会いが「なめらかに」進行していくような理想的な状態を想定している[9]．

1.2 顕示選好分析

本書では実証経済分析の中でも**顕示選好分析**と呼ばれる分野に焦点を合わせて説明を行う．結婚問題における顕示選好分析とは，現実に観察される男女のマッチング結果から，マッチング相手に対する好みを識別し，推定するという統計分析のことである．これまでに顕示選好分析の膨大な蓄積があるが，マッチング問題を対象にした顕示選好分析はほとんど行われていない．この理由として，「誰を選ぶか，誰に選ばれるか」という相互作用を伴う経済主体のマッチング行動は，従来の顕示選好分析の対象である「何を選ぶか」という単純な選択行動

---

[8] TU ゲームおよび NTU ゲームは協力ゲームの用語である．協力ゲームについての解説は中山 (2012) を参照のこと．また，TU ゲームと NTU ゲームそれぞれの観点からのマッチング理論についての詳細な分析は Roth and Sotomayor (1992) を参照せよ．

[9] もちろん，現実の婚活では，情報は不完全であり，結婚相手を探し出し，その結婚相手と出会うためには時間的および金銭的な費用が発生する．そのような婚活の出会いに「摩擦」が発生するという前提の下では，男性と女性は費用を支払って結婚相手を探索（サーチ）する必要がある．このような不完全情報下におけるマッチング相手の探索行動についてはサーチ理論と呼ばれる経済理論分野で重点的に分析が行われてきた．サーチ理論についてのサーベイは Rogerson, et al. (2005) を参照のこと．また，日本語におけるサーチ理論の教科書として今井ほか (2007) がある．

に比べて，観察結果として選好が発現するメカニズムが複雑で，その分だけ選好の推定作業が難しくなるためである．

たとえば，婚活の結果，太郎と花子，および，次郎と桃子という夫婦が誕生したとする．この結果から，太郎の好みの女性は桃子ではなく，花子であるといってよいだろうか？　そうとは限らないというのがマッチング問題における顕示選好分析の難しさである．たとえ太郎は花子より桃子と結婚を望んでいたとしても，桃子が太郎でなく次郎を結婚相手として望むならば，太郎は桃子を結婚相手とすることはできないのである！

このようにマッチング問題では，主体間の相互作用のため，観察される結果が必ずしも経済主体の真の選好を反映しているとは限らない．本書で紹介する結婚問題の顕示選好分析では，マッチング結果から遡ってマッチング相手の選好を一意に特定化するための構造を明示的にゲームに導入し，その構造の下で実際には観察されることはないゲームのプレイヤーの選好を推定する．

結婚問題を含むマッチング問題の顕示選好分析を行うことの目的は何であろうか？　その一つとして，マッチング発生するメカニズムの定量的な解明がある．たとえば，まえがきで述べた同類婚，つまり，所得，教育水準，職業といった階層内で結婚が増大しているという現象を考えてみる．この要因としては人々が結婚相手に求める条件が変化したこと（つまり選好の変化），または，さまざまな属性を持つ男女の人数が変化したこと（つまり社会構成の変化）などいくつかの要因が指摘できる．結婚という男女のマッチングを対象に顕示選好分析を行うことでそうした諸要因のマッチング結果に与える影響を定量的に分離することができる．また，顕示選好分析のもう一つの目的として，仮想的な政策実験の実行という点も挙げることができる．つまり，仮想的な政策をさまざまに変更した状況でマッチングゲームの解を求め，政策のマッチング結果に与える影響をシミュレートすることが可能で

ある．その政策実験を実施する際のパラメータとしてマッチングゲームの顕示選好によって推定されたプレイヤーの選好を利用することができる．たとえば，結婚問題にこのような政策実験を実施することで，男女の出会いのミスマッチを減らし，結婚を促進する施策を提言することができるかもしれない．

第2章 結婚問題のNTUゲーム

2.1 はじめに

この章では結婚問題を NTU ゲームとして定式化し，その理論的な帰結に基づいて顕示選好選好分析を行う．マッチング理論は Gale and Shapley (1962) の先駆的な研究により分析が開始された．そこで以下では，その基本的な枠組みに従い，結婚問題を婚活中の男女をプレイヤーとするゲームとして定式化する．さらに，そのゲームにはある**安定的な状態**が必ず存在すること，および，そのような安定的状態をもたらす手順があることを紹介する．そのような結婚問題の NTU ゲームの理論を概観した後，顕示選好分析を実施するためのさまざまな前提条件を詳細に議論する．

2.2 モデル

婚活に参加する男女それぞれ N 人を考える．分析の単純化のために，男性と女性は同数で，最終的に必ず誰かと結婚し，独身のままでいることはないと仮定しよう[1]．男性の集合は $M = \{1, \ldots, i, \ldots, N\}$ で表し，

---

[1] 男性と女性のプレイヤー数が異なると仮定し，独身を選んでもよいと仮定しても以下で述べる結論は本質的に変わらない．

図 2.1 マッチングの一例

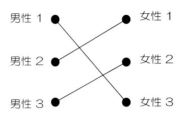

女性の集合は $W = \{1, \ldots, j, \ldots, N\}$ で表す[2].

男性 i と女性 j が結婚しているとき，それを**マッチ**と呼び，(i, j) というペアで表す．一方，マッチの全体を**マッチング**と呼び，各要素が 0 と 1 からなる $N \times N$ 行列 μ で表す．男性 $i \in M$ と女性 $j \in W$ についてマッチング μ の (i, j) 要素を μ_{ij} とすれば，男性が女性と結婚し，(i, j) というマッチが形成されるとき，$\mu_{ij} = 1$，それ以外には $\mu_{ij} = 0$ とする．以下では，マッチングが μ であるとき，男性 i の結婚相手の女性を $\mu_i \in W$，女性 j の結婚相手の男性を $\mu_j \in M$ と表記する．

ここで想定している結婚問題のすべての可能なマッチングの集合を $\mathscr{M}$ で表記することにしよう．任意のマッチング $\mu \in \mathscr{M}$ について男性と女性は最終的に必ず誰かと結婚するので，マッチング μ の行和と列和は常に 1 となる．つまり，$\sum_{i=1}^{N} \mu_{ij} = \sum_{j=1}^{N} \mu_{ij} = 1$ となる[3]．このとき，可能なマッチングの状態の総数は $|\mathscr{M}| = N!$ となる．

結婚問題のプレイヤーである男女はどのような相手と結婚したいかについて選好を持っている．結婚相手として異性 p を異性 p' より好むことを $p \succ p'$ と書き，男性 i の女性に対する選好が $j_1 \succ j_2 \succ \cdots \succ j_N$ であるとき，その選好を $Q_i = (j_1 : j_2 : \cdots : j_N)$ という女性のリストで

---

[2] マッチングゲーム理論の文献では，男性と女性のプレイヤーを明示的に区別し，男性の集合を $M = \{m_1, \ldots, i, \ldots, m_N\}$，女性の集合を $W = \{w_1, \ldots, w_j, \ldots, w_N\}$ とする記法もよく使われるが，本書では，表記の単純化のために本文中で示した記法を使うことにする．

[3] 多対一のマッチング問題では，$\sum_{i=1}^{N} \mu_{ij} \geq 1$ や $\sum_{j=1}^{N} \mu_{ij} \geq 1$ となる．

表す．この場合，男性 i はリストの左の女性から順に高い選好を持っているとする．同様に，女性 j の男性に対する選好は $R_j = (i_1 : i_2 : \cdots : i_N)$ という男性のリストで表される．いま，すべての男女の選好を $P = \{Q_i; R_j | i \in M, j \in W\}$ で表記する．

いま，すべての可能な男女の結婚相手に対する選好を $\mathscr{P}$ とすれば，ある選好 P についても $P \in \mathscr{P}$ と表記できる．このとき，考え得る可能な選好の数は全部で $|\mathscr{P}| = (N!)^{2N}$ となる．

例 2.1 参加者の男女がそれぞれ 3 人の結婚問題を考えてみよう．図 2.1 で左右に描かれた各点は男女それぞれの婚活参加者を表し，点をつなぐ線が結婚を表している．このときのマッチングは

$$\mu^\diamond = \begin{pmatrix} 0 & 0 & 1 \\ 1 & 0 & 0 \\ 0 & 1 & 0 \end{pmatrix}$$

で与えられる．男女の結婚相手について選好として

$$P^\clubsuit = \begin{cases} Q_1 = (1:2:3); R_1 = (2:1:3) \\ Q_2 = (2:1:3); R_2 = (2:1:3) \\ Q_3 = (2:1:3); R_3 = (2:1:3) \end{cases} \tag{2.1}$$

を考えてみよう．この場合には，たとえば，男性 1 の結婚相手の選好は女性 1 が最も高く，以下，女性 2，女性 3 の順で下がっていく．一方，女性 1 は男性 2 との結婚を最も好み，男性 3 との結婚を最も好まない．彼女にとって男性 1 との結婚の好ましさはその中間にある．■

2.2.1 マッチングの安定性

結婚問題では，男女は自分が一番望んでいる結婚相手と結婚できるとは限らない．しかしながら，マッチング理論によれば，結婚問題では，最終的に，ある「望ましい」相手の組み合わせに落ち着く可能性のあることが示されている．

では，結婚問題における「望ましさ」とはどのようなものであろうか？いま，ある男性が現在の妻以外の既婚の女性と結婚したい考えているならばどうなるだろうか？ さらに，その女性も現在の彼女の夫よりもその男性と結婚するほうが望ましいと考えているならばどうなるだろうか？ この場合，当初のマッチングは望ましくない，ある不安的な状態にあるともいえる．

いま，あるマッチング μ において男性 i と女性 j が結婚していないにもかかわらず，お互いを自分の望ましい結婚相手と考え，

$$j \succ \mu_i \text{ かつ } i \succ \mu_j \tag{2.2}$$

が成立する状況を考える．このマッチ (i,j) はマッチング μ における結婚関係を破綻させかねないため，このような状況では，マッチング μ は安定的ではないといえる．あるマッチ (i,j) について (2.2) 式が成立すれば，そのマッチ (i,j) は μ をブロックするという．ここで**安定マッチング**は以下のように定義される[4]．

定義 あるマッチング μ がどのようなマッチ (i,j) によってもブロックされないならば，そのマッチングを安定的という．

すなわち，あるマッチングが安定的であるのは現在の結婚相手と関係を解消し，お互いに再婚することで状態を改善することができる男女のマッチが存在しないような状況ともいえる．

---

[4] 協力ゲーム理論では，結婚問題における安定マッチングはある協力ゲームのコアとなっていることが示されている．協力ゲームとその解概念の一つであるコアについては，たとえば，岡田 (2011) や中山 (2012) などを参照のこと．

例 2.2 引き続き，例 2.1 の結婚問題を考える．いま，結婚問題に参加するプレイヤーの選好が (2.1) 式で与えられる $P^{\clubsuit}$ であるとする．この場合，図 2.1 で与えられるマッチング行列 $\mu^{\diamond}$ は（男性 1, 女性 2）というマッチによってブロックされる．つまり，男性 1 は女性 3 より女性 2 との結婚を望み，かつ，女性 2 は男性 3 より男性 1 との結婚を望んでいる．よって $\mu^{\diamond}$ というマッチングは安定的ではない．■

2.2.2 受入留保アルゴリズム

Gale and Shapley (1962) はどのような結婚問題の NTU ゲームにも必ず安定マッチングが存在することを示した．

定理 2.3 (Gale and Shapley, 1962) 結婚問題の NTU ゲームでは，男女の選好がどのようなものであっても必ず安定マッチングが存在する．さらに，安定マッチングは**受入保留**と呼ばれるアルゴリズムによって必ず発見することができる[5]．

この受入留保アルゴリズムは中央集権的な運営主体が各プレイヤーからの情報を集めてマッチングを行うことで実行される．図 2.2 には男性がプロポーズする場合の受入保留アルゴリズムを示した．ただし，男性または女性のどちらの側が先にプロポーズをするかで安定マッチングの結果が異なることが知られている．

例 2.4 前述の例と同様に例 2.1 の結婚問題において男女の結婚相手についての選好が (2.1) 式で与えられる $P^{\clubsuit}$ とする．図 2.3 と図 2.4 には男性がプロポーズする場合と女性がプロポーズする場合のそれぞれについての受入保留アルゴリズムによって発見される安定マッチングを

---

[5] 受入保留は Deferred Acceptance の訳語である．

図 2.2 男性がプロポーズする場合の受入留保アルゴリズム

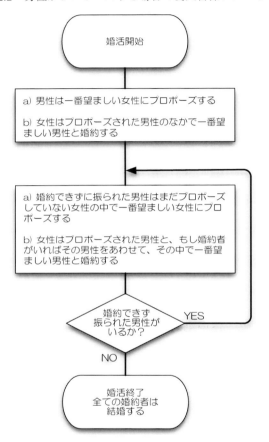

示している．それに対応するマッチング行列は以下で与えられる．■

$$\mu^{\spadesuit} = \begin{pmatrix} 1 & 0 & 0 \\ 0 & 1 & 0 \\ 0 & 0 & 1 \end{pmatrix}, \quad \mu^{\heartsuit} = \begin{pmatrix} 0 & 1 & 0 \\ 1 & 0 & 0 \\ 0 & 0 & 1 \end{pmatrix}$$

受入保留アルゴリズムで発見される安定マッチングは次に示すような興味深い性質を持っている．

定理 2.5 男性が先にプロポーズをする場合の受入保留アルゴリズムでは，男性は他のどのような安定マッチングと比べても，最も好ましい相手と結婚している．また，女性が先にプロポーズをする場合の受入保留アルゴリズムでは，女性は他のどのような安定マッチングと比べても，最も好ましい相手と結婚している．

この定理は一方の集団にとって最適なマッチングは受入保留アルゴリズムによって安定マッチングとして実現できるということを示している．男性がプロポーズする場合の受入保留アルゴリズムによって発見される安定マッチングを男性最適な安定マッチングという．同様に，女性がプロポーズする場合の受入保留アルゴリズムによって発見される安定マッチングを女性最適な安定マッチングという[6]．

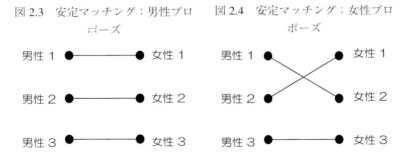

図 2.3　安定マッチング：男性プロポーズ　　図 2.4　安定マッチング：女性プロポーズ

---

[6]これらの定理と同様な結果は結婚問題のような一対一のマッチングゲームのみならず，多対一の両側マッチングゲームでも得られることが明らかにされている．詳細は Roth and Sotomayor (1992) 第 5 章を参照のこと．

2.3 顕示選好分析

本節では結婚問題のNTUゲームの理論的帰結に基づき，観察された結婚マッチング（誰と誰が結婚しているか）から観察されない男女の結婚相手に対する選好（誰を結婚相手として好むか）を推定する顕示選好分析の枠組みを解説する．そのためにプレイヤーの選好からマッチングへの写像を考える．

2.3.1 メカニズム

結婚問題のNTUゲームにおいて選好 $P \in \mathscr{P}$ から安定マッチング $\mu \in \mathscr{M}$ への写像を**メカニズム**と呼ぶことにする．メカニズムを $\mathbb{M}$ で表記すれば

$$\mathbb{M}(P) = \mu \tag{2.3}$$

となる．たとえば，前節の図2.2で示した結婚問題における男性がプロポーズする場合の受入留保アルゴリズムはメカニズムの一つである．

結婚問題の顕示選好分析とは，現実に研究者が観察するマッチング $\mu^o \in \mathscr{M}$ が安定的であると仮定して，それと整合的な人々の選好のリスト $P^o \in \mathscr{P}$ を探ることである．すなわち，以下のようなメカニズムの**逆問題**

$$P^o \in \mathbb{M}^{-1}(\mu^o) \tag{2.4}$$

を考えることともいえる．ここで $\mathbb{M}^{-1}$ はメカニズムの逆像を表している．たとえば，図2.3で与えられるマッチング $\mu^\clubsuit$ が観察されたとする．(2.4)式の逆問題とは，そのマッチングを生み出した(2.1)式で与えられる男女の結婚相手に対する選好 $P^\clubsuit$ を発見するという作業となる．

2.3.2 確率効用モデル

NTU ゲームにより定式化された結婚問題では，選好リストの可能な組み合わせの数 $|\mathscr{P}|$ は膨大となるため[7]，すべての選好リスト $P \in \mathscr{P}$ について，それが (2.4) 式の逆問題の解 $P \in \mathbb{M}^{-1}(\mu^o)$ となっていることをしらみつぶしに調べ上げることは事実上ほぼ不可能である．そこで，顕示選好分析では，結婚相手に対する選好に制約を与えることで，選好リストの場合の数を大幅に削減することが行われる．

顕示選好分析における選好の制約の与え方にはいくつかの方式が知られている[8]．その代表的なものの一つに McFadden (1974) により開発された**確率効用モデル**と呼ばれる定式化がある．この確率効用モデルはさまざまな実証分析問題へ適用され[9]，異質な個人の離散的な選択行動をその観察可能な属性に対して回帰することで効用関数の推定が行われてきた．結婚問題の NTU ゲームでも McFadden (1974) の確率効用モデルを導入した顕示選好分析が実施されている[10]．

いま，男性 i が女性 j を結婚することから得られる効用を U_{ij} とする．効用 U_{ij} を以下のように定式化する．

$$U_{ij} = U(X_i^m, X_j^w) + \varepsilon_{ij} \tag{2.5}$$

ここで X_i^m と X_j^w はそれぞれ男性 i および女性 j の研究者が観察可能な属性であり，U_{ij} はその観察可能な属性によって説明される効用部分 $U(X_i^m, X_j^w)$ と研究者が観察することができない効用部分 ε_{ij} に分解さ

---

[7] 結婚問題において男女それぞれ N 人いる場合，考え得る可能な選好の数は $|\mathscr{P}| = |(N!)^{2N}|$ となる．たとえば，参加者数が $N = 10$ 人という比較的小さな場合であっても可能な選好の組み合わせは $|\mathscr{P}| = (10!)^{20}$ となる．これは 10 の 131 乗という膨大な数であり，全宇宙に存在する原子数（約 10 の 80 乗といわれている）よりも大きい．

[8] 顕示選好分析は Samuelson (1948) に遡ることができる．顕示選好分析のための計量経済モデルについては Manski (2007) 第 13 章を参照のこと．

[9] 確率効用モデルに基づく静学および動学モデルの構造推定の最近の進展については，たとえば Ackerberg, et al. (2007) などを参照のこと．

[10] 確率効用モデルは次章で取り扱う結婚問題の TU ゲームの顕示選好分析でも導入される．

れる．結婚問題に参加する男女は誰でも ε_{ij} の値は知っているが，研究者はその値を知らないので，研究者にとっては ε_{ij} は確率変数となる．いま，観察されない確率効用部分である ε_{ij} はどの男性 i とどの女性 j の組み合わせについても独立かつ同一の確率分布に従うと仮定し，その同時確率分布を F_ε とする．これを，$\varepsilon_{ij} \overset{iid}{\sim} F_\varepsilon$ と表記する．同様に，女性 j が男性 i と結婚することで得られる効用 V_{ij} を

$$V_{ij} = V(X_i^m, X_j^w) + \eta_{ij} \tag{2.6}$$

で与える．ここで $V(X_i^m, X_j^w)$ は研究者が観察可能な男女の属性 X_i^m と X_j^w によって説明される効用部分であり，η_{ij} は研究者が観察不可能な効用部分である．さらに $\eta_{ij} \overset{iid}{\sim} F_\eta$ とする．

いま観察可能な属性ベクトルを $X^m = \{X_i^m | i \in M\}$ および $X^w = \{X_j^w | j \in W\}$ とする．このとき通常の確率効用モデル同様に，観察される属性を外生変数と仮定すれば以下が成立する．

$$\mathrm{E}(\varepsilon_{ij} | X^m, X^w) = 0$$
$$\mathrm{E}(\eta_{ij} | X^m, X^w) = 0$$

さらに男女の観察されない確率効用項は互いに無相関であると仮定すれば

$$\mathrm{E}(\varepsilon_{ij} \eta_{ij} | X^m, X^w) = 0$$
$$\mathrm{E}(\eta_{ij} \varepsilon_{ij} | X^m, X^w) = 0$$

が成立する．これらの仮定の下で，男女それぞれの効用の期待値は

$$\mathrm{E}(U_{ij} | X^m, X^w) = U(X_i^m, X_j^w)$$
$$\mathrm{E}(V_{ij} | X^m, X^w) = V(X_i^m, X_j^w)$$

となる．したがって，関数 U や V はさまざまな属性を持つ男女が結婚したときに得られる平均的な効用を表していると解釈される．

以上の確率効用モデルの定式化では，観察可能な属性に関する選好の同質性を仮定することで，結婚相手に対する選好に制約を課しているともいえる．たとえば，二人の異なる男性 i と i' の属性が全く同じであれば ($X_i^m = X_{i'}^m$)，両者が結婚から得る効用は平均的にみて同一である．つまり，どの女性 $j \in W$ についても

$$U(X_i^m, X_j^w) = U(X_{i'}^m, X_j^w)$$

となる．さらに，二人の異なる女性 j と j' の属性が全く同じであれば ($X_j^w = X_{j'}^w$)，男性が女性 j との結婚で得る効用と女性 j' との結婚で得る効用は平均的にみて同一である．つまり，どの男性 $i \in M$ も

$$U(X_i^m, X_j^w) = U(X_i^m, X_{j'}^w)$$

となる．女性の平均的な効用 $V(X_i^m, X_j^w)$ についても同様の同質性が仮定されている．このような選好についての同質性の制約は強いものであるが，この制約により結婚相手に対する選好の可能な場合の数を大幅に減らすことが可能となり，結果的に結婚問題において顕示選好分析が可能となっているともいえる．

2.3.3　確率効用モデルの関数型

確率効用モデルでは，平均的効用関数や確率効用の分布関数はパラメータ化されて分析される．モデルを簡潔に記述するために，男性と女性の観察可能な属性についての効用関数 U と V の関数型が等しいと仮定する．いま，$u(x^m, x^w | \beta)$ を用いて

$$U_{ij} = u(X_i^m, X_j^w | \beta^m) + \varepsilon_{ij} \tag{2.7}$$

$$V_{ij} = u(X_i^m, X_j^w | \beta^w) + \eta_{ij} \tag{2.8}$$

とする．ここで β^m と β^w は関数 $u(x^m, x^w | \beta)$ についての男女それぞれについての効用パラメータである．さらに，男性と女性の確率効用項

の分布関数 F_ε と F_η の関数型が等しいと仮定し,

$$\varepsilon_{ij} \stackrel{i.i.d.}{\sim} F(\varepsilon|\sigma)$$

$$\eta_{ij} \stackrel{i.i.d.}{\sim} F(\eta|\sigma)$$

とする.ここで $F(\epsilon|\sigma)$ は確率効用項 ϵ についての分布関数である.

例 2.6 結婚問題の確率効用モデルによる以下の定式化を考えてみよう.いま,男女が婚活を行う際に,相手の学歴に対する好みを持っていると仮定する.男性 i と女性 j の教育年数をそれぞれ X_i^m および X_j^w として,関数 u を線形として

$$\begin{cases} U_{ij} = \beta_0^m + \beta_1^m X_j^w + \varepsilon_{ij} \\ V_{ij} = \beta_0^w + \beta_1^w X_i^m + \eta_{ij} \end{cases}$$

というモデルを考える.また ε_{ij} と η_{ij} の分布を標準正規分布 $\mathcal{N}(0,1)$ とする.このとき男女の観察されない確率効用項の分布のパラメターは正規分布の標準偏差として $\sigma = 1$ で与えられている.もし,$\beta_1^m, \beta_1^w > 0$ ならば,男女はできるだけ学歴の高い相手との結婚を好む(高学歴嗜好).

また,二次の関数 u を使って

$$\begin{cases} U_{ij} = \beta_0^m - \beta_2^m (X_i^m - X_j^w)^2 + \varepsilon_{ij} \\ V_{ij} = \beta_0^w - \beta_2^w (X_j^w - X_i^m)^2 + \eta_{ij} \end{cases}$$

とする.このとき,もし $\beta_2^m, \beta_2^w > 0$ を仮定すれば,男女はできるだけ自分と学歴が近い結婚相手を好む(同学歴志向).一方,高学歴嗜好と

同学歴志向を組み合わせた効用関数は,

$$\begin{cases} U_{ij} = \beta_0^m + \beta_1^m X_j^w - \beta_2^m (X_i^m - X_j^w)^2 + \varepsilon_{ij} \\ V_{ij} = \beta_0^w + \beta_1^w X_i^m - \beta_2^w (X_j^w - X_i^m)^2 + \eta_{ij} \end{cases}$$

で与えられる.ただし $\beta_1^m, \beta_1^w > 0$ および $\beta_2^m, \beta_2^w > 0$ とする.この場合,男女はできるだけ高い学歴の相手との結婚を好むと同時にあまり学歴の離れた相手とは結婚したくないとも考えている.

ここでいずれの関数型の場合においても,同じ学歴,たとえば,大卒の男性は平均的にみれば結婚相手の女性に対して同一の好みを持っていることが仮定されている.また,それぞれの男性は同じ学歴の女性であればどのような女性と結婚しても,その結婚から得られる効用は平均的にみて同じであるとも仮定される.平均から外れる結婚相手に対する嗜好は確率効用項で説明されている.

■

2.3.4 結婚問題の構造と構造パラメータ

以下では,結婚問題の NTU ゲームに確率効用モデルという**構造**を導入することにより,顕示選好分析は現実に観察されるマッチングと整合的な構造を発見する問題として定式化することができることを示す.

結婚問題の NTU ゲームの構造 $\mathbb{S}$ を確率効用モデルによって制約されるプレイヤーの効用の形式と定義する.具体的には,プレイヤーの観察可能な属性 $X = (X^m, X^w)$ を所与とするとき,構造 $\mathbb{S}$ とは観察される属性の効用関数 $u(x^m, x^w | \beta)$ と確率効用の分布関数 $F(\epsilon | \sigma)$ で与えられる.ここで $\beta = (\beta^m, \beta^w)$ と σ はゲームの構造を特徴づけるパラメータであり,特に**構造パラメータ**と呼ぶ.以下では構造パラメータをまとめて $\theta = (\beta, \sigma) \in \Theta$ と表記することがある.ただし Θ は構造パラメータのとり得る範囲(パラメータ空間)である.結婚問題の NTU

ゲームの構造 $\mathbb{S}$ と構造パラメータ θ の依存関係を明示的に $\mathbb{S}(\theta|X)$ と書けば，それは

$$\mathbb{S}(\theta|X) = \{u(x^m, x^w|\beta), F(\epsilon|\sigma)\}$$

と表記される．

結婚問題の NTU ゲームの構造を $\mathbb{S}(\theta|X)$ とするとき，それと整合的な安定マッチングは次のような手順で発見することができる．構造 $\mathbb{S}(\theta|X)$ を所与とするときの男性の確率効用を $U_{ij}^{\mathbb{S}(\theta|X)}$ とすれば，(2.7) 式により

$$U_{ij}^{\mathbb{S}(\theta|X)} = u(X_i^m, X_j^w|\beta^m) + \varepsilon_{ij}$$

となる．その効用を好ましい結婚相手の女性順に並び替えて

$$U_{ij_1}^{\mathbb{S}(\theta|X)} > U_{ij_2}^{\mathbb{S}(\theta|X)} > \cdots > U_{ij_N}^{\mathbb{S}(\theta|X)}$$

となるならば，男性 i の女性に対する選好は

$$Q_i^{\mathbb{S}(\theta|X)} = (j_1 : j_2 : \cdots : j_N)$$

で与えられる．同様に構造 $\mathbb{S}(\theta|X)$ を所与とする場合の女性 j の男性に対する選好

$$R_j^{\mathbb{S}(\theta|X)} = (i_1 : i_2 : \cdots : i_N)$$

も発見することができる．このように構造を $\mathbb{S}(\theta|X)$ とする結婚問題の NTU ゲームにおいて各プレイヤーの選好は

$$P^{\mathbb{S}(\theta|X)} = \left\{ (Q_i^{\mathbb{S}(\theta|X)} ; R_j^{\mathbb{S}(\theta|X)}) \middle| i \in M, j \in W \right\}$$

で与えられる．したがって，この NTU ゲームの安定マッチングは

$$\mathbb{M}\left(P^{\mathbb{S}(\theta|X)}\right) \in \mathscr{M}$$

で与えられる．

結婚問題において現実に観察されるマッチング μ^o が安定的であると仮定すれば，それと整合的な構造パラメータ θ^o は

$$\mathbb{M}\left(P^{\mathbb{S}(\theta^o|X)}\right) = \mu^o \tag{2.9}$$

という方程式を満たす．したがって，構造を $\mathbb{S}(\theta|X)$ とする結婚問題の NTU ゲームの顕示選好分析とは (2.9) 式の逆問題である

$$P^{\mathbb{S}(\theta^o|X)} \in \mathbb{M}^{-1}(\mu^o) \tag{2.10}$$

の解を求める作業といってもよい．この式は構造を与えない場合の顕示選好分析で示した (2.4) 式に対応している．

2.4 安定マッチングの複数性

結婚問題の NTU ゲームでは，異なる安定マッチングを導く複数のメカニズムが共存することには注意が必要である．たとえば，結婚問題の受入留保アルゴリズムには男性が先にプロポーズするのものと女性が先にプロポーズするのものがあり，それらのメカニズムの結果として生じる安定マッチングはそれぞれ異なることは前節で示された．実際，安定マッチングは受入留保アルゴリズム以外の中央集権的なマッチング方式により実現することもできるし，マッチング参加者の分権的な意思決定によっても実現できる[11]．よって，結婚問題の NTU ゲームでは，一つの構造パラメータ θ_0 から複数のメカニズム $\mathbb{M}_1, \mathbb{M}_2, \ldots, \mathbb{M}_q$ にしたがって，それぞれ異なる複数の安定マッチング $\mu_1, \mu_2, \ldots, \mu_q$ が導かれる可能性がある．こうした状況を図 2.5 に模式的に示している．この場合には構造パラメータと安定マッチングの集合の関係は一対多

---

[11]分権的なマッチング方式によっても安定マッチングがもたらされることが証明されている．詳細は Roth and Vande Vate (1990) を参照せよ．

図 2.5 構造パラメータから複数の安定マッチングへの対応関係

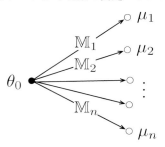

対応となっている.

一般に計量経済モデルが複数の結果を予測し,そのモデルのパラメータから予測される結果が関数ではなく,対応で与えられる場合,その計量経済モデルは不完全であると呼ばれる[12]. 結婚問題の NTU ゲームには複数の安定マッチングが予想されるため, (2.9) 式または (2.10) 式に基づく構造パラメータ推定も不完全な計量経済モデルの一例となる. 先行研究で議論されているように不完全な計量経済モデルの多くはパラメータの識別は不可能ではないが極めて困難となることが知られている[13].

以下では,結婚問題の NTU ゲームの顕示選好分析において安定マッチングが同時に複数存在する際に先行研究が採用している二つの代表的な識別戦略を紹介する.

---

[12]不完全な計量経済モデルの定義と詳細については Manski (1988) を参照のこと. また,不完全な計量経済モデルのパラメータ識別については Manski and Tamer (2002) に詳しい. また,代表的な不完全な計量経済モデルとしては,実証産業組織論の分野において Bresnahan and Reiss (1990, 1991) が分析した複数均衡が存在する企業の参入ゲームモデルがある. Bresnahan and Reiss (1991) の研究以降,複数均衡が存在する離散ゲームのパラメータの識別と推定の問題はさまざまに発展してきた. その詳細と最近の計量経済学的手法の展開については,たとえば Berry and Reiss (2007) を参照のこと.

[13]詳細な議論は Jovanovic (1989) を参照せよ.

図 2.6 制約したメカニズムでの構造パラメータと安定マッチング

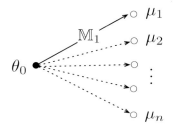

2.4.1 メカニズムの制約

　第一の識別戦略として，研究者がマッチングゲームにおける複数のメカニズムから一つのメカニズムを先験的に選んで，顕示選好分析を進めるというものもある．たとえば，ある結婚問題では男女が，結婚相談所などの結婚仲介サービス業者を利用し，その結婚相手を紹介する仕組みが，なんらかの中央集権的な仕組みで運営されているとする．さらに，結婚仲介業者が使っている結婚相手のマッチング方式が男性が先にプロポーズする受入留保アルゴリズムで実施されているという仮定を導入する．この場合には，前節で示したとおり，一つの選好に対して唯一の安定マッチング，この場合には，男性最適な安定マッチングが発生する．このように研究者が，マッチングのメカニズムを一意に特定することができれば，一つの構造パラメータに一つの安定マッチングを対応させることができる．

　その状況を模式的に示したのが図 2.6 である．ここでは複数の異なるメカニズム $\mathbb{M}_1, \mathbb{M}_2, \ldots, \mathbb{M}_q$ が共存している．男性が先にプロポーズする受入留保アルゴリズムを $\mathbb{M}^*$ で表記し，$\mathbb{M}_1 = \mathbb{M}^*$ であるとしよう．もし，マッチング方式が男性が先にプロポーズする受入留保アルゴリズムで行われていると仮定すれば，実線で示されたメカニズムにより，ある一つの構造パラメータ θ_0 から唯一の安定マッチングとして μ_1 が導かれる．この仮定のもとでは，選択されたメカニズム $\mathbb{M}_1 = \mathbb{M}^*$ を用

いて (2.9) 式または (2.10) 式に基づく構造パラメータ推定を行って顕示選好分析を実施すればよいことになる．

このアプローチに基づきいくつかのマッチングゲームの実証研究が顕示選好分析を行っている．たとえば，Hsieh (2011) は現実の婚活プロセスが男性が先にプロポーズする受入留保アルゴリズムで実施されているという仮定に基づき，結婚問題を分析している．また，Boyd, et al. (2013) はニューヨーク州における学校と教師のマッチングにおいて学校が教師に職のオファーを行う受入留保アルゴリズムで行われるという仮定に基づき，学校と教師それぞれのジョブマッチについての効用関数を推定している．

2.4.2 選好の制約

第二の識別戦略として，一つの構造に一つの安定マッチングが対応するようにプレイヤーの選好に制約を加えるという方法がある．たとえば，結婚問題の構造 $\mathbb{S}(\theta|X)$ にさらなる制約を与え

$$\beta^m = \beta^w, \quad \varepsilon_{ij} = \eta_{ij} \qquad (2.11)$$

と仮定する．この仮定の下では，どの男性 $i \in M$ とどの女性 $j \in W$ についても $U_{ij} = V_{ij}$ となり，自分が結婚から得る効用と相手が結婚から得る効用は完全に等しい．このようにプレイヤー間で対称的となる効用関数を仮定すれば，どのようなメカニズム $\mathbb{M}$ であっても構造パラメータから導かれる安定マッチングは一意であることが示されている[14]．すなわち，ある構造パラメータ $\theta_0 \in \Theta$ について，二つのどのような異な

---

[14]この仮定の下では，確率効用モデルから導かれる各プレイヤーの選好の組 $P^{\mathbb{S}(\theta|X)}$ が整列的 (alligned) と呼ばれる性質を持つことになる．マッチングゲームの選好 P が整列的であるとは，プレイヤーについての関数 $\zeta(i,j)$ が存在し ($i \in M, j \in W$)，男性 i の女性に対する選好が $j \succ j'$ ならば $\zeta(i,j) > \zeta(i,j')$ であり，さらに女性 i の男性に対する選好が $i \succ i'$ ならば $\zeta(i,j) > \zeta(i',j)$ となる状況をいう．このような整列された選好の下で，結婚問題の安定マッチングが一意になることの証明は Eeckhout (2000) や Clark (2006) を参照のこと

図 2.7 制約した選好での一対一対応

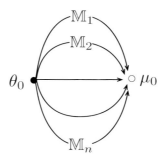

るメカニズム $q \neq q'$ に対しても $\mathbb{M}_q(P^{\mathbb{S}(\theta_0|X)}) = \mathbb{M}_{q'}(P^{\mathbb{S}(\theta_0|X)})$ となる.

図 2.7 は,複数のメカニズム $\mathbb{M}_1, \mathbb{M}_2, \ldots, \mathbb{M}_q$ の下でも構造パラメータ θ_0 から唯一のマッチング μ_0 が導かれる様子を模式的に示している.

この場合にはどのメカニズムによってもある選好の像である安定マッチングは同一となる.よって (2.9) 式または (2.10) 式に基づく構造パラメータ推定は完全な計量経済モデルにより実行することが可能となる.この場合には,次節で見るように,通常の離散選択分析で用いられる計量的手法を援用することができる.

プレイヤー間に対称的な効用関数を仮定して結婚問題の顕示選好分析を行っている実証研究としては,Sørensen (2007) がある.彼はベンチャーキャピタルと起業家の間に生じる投資–被投資関係を通じたマッチングを NTU ゲームとして定式化し,効用関数に (2.11) と同様の対称性制約を課すことで顕示選好分析を行っている.

2.4.3 注意点

結婚問題の NTU ゲームの顕示選好分析において研究者がマッチング方式について詳細な情報を持っている場合には[15]，そのメカニズムを選択して第一の対処法により顕示選好分析を行うことは自然である．しかしながら，通常の結婚問題は中央集権的なマッチング方式によって実施されていない．また，それが中央集権的なマッチングが実施されているとしても，その方式の形態は多様であり，研究者はそのメカニズムを具体的に特定化できるほどの情報を持ち合わせていないことも多い．このような状況で，先験的に特定のメカニズムを仮定するか，または，対称な選好を仮定して顕示選好分析を行った場合，マッチングゲームにおいて顕示された選好のパラメータの信頼性は低いものとなることには留意が必要である．

2.5 構造パラメータの推定

本節では構造 $S(\theta|X)$ を持つ結婚問題の NTU ゲームの構造パラメータ θ を推定することを考える．推定の前提として前節で紹介した手法を援用することで一つの構造パラメータ θ に対応する安定マッチング μ は一意に決定されていると仮定しておく．この場合には，推定問題は，構造 S を所与として，メカニズムの逆問題である (2.10) 式を解き，観察されるマッチング μ^o と整合的な構造パラメータ θ^o を発見することである．この場合，ミクロ実証分析の構造推定問題で広く援用されている**最尤法**と**一般化積率法**を適用することができる．

---

[15]具体的には，研修医のマッチングを分析する場合には，そこで実際に使用されているマッチングアルゴリズム（研修医が配属を希望する研修先病院を先に表明する受入留保アルゴリズム）を特定することは可能である．

2.5.1 尤度関数と最尤推定法

まず，確率効用モデルの定式化の下では，結婚問題の安定マッチングは確率変数となることに留意しよう．その確率分布を導出するために，いくつかの記法を導入する．いま，男女の確率効用項のベクトル (ε, η) の実現値を $(\tilde{\varepsilon}, \tilde{\eta})$ で表す．ただし，どちらも共通の分布関数 $F(\epsilon|\sigma)$ からの実現値とする．

(2.7)式と(2.8)式で与えられる確率効用 $U_{ij}^{\mathbb{S}(\theta|X)}$ の確率変数 (ε, η) をその実現値 $(\tilde{\varepsilon}, \tilde{\eta})$ で置き換えたものを $\tilde{U}_{ij}^{\mathbb{S}(\beta|X)}$ とし，さらにこれを適宜並べ替えることで得られる男女の選好の組を $\tilde{P}^{\mathbb{S}(\beta|X)}$ と表記する．このとき (2.9) 式のメカニズムよって決定される安定マッチングは $\mathbb{M}(\tilde{P}^{\mathbb{S}(\beta|X)})$ となる．

あるマッチング μ^o が観察されたときに，それが構造 $\mathbb{S}(\theta|X)$ の結婚問題の安定マッチングと一致する確率は

$$\text{Prob}\left(\mathbb{M}(P^{\mathbb{S}(\theta|X)}) = \mu^o\right) \tag{2.12}$$
$$= \int \mathbb{1}\left[\mathbb{M}(\tilde{P}^{\mathbb{S}(\beta|X)}) = \mu^o\right] dF(\tilde{\varepsilon}|\sigma) dF(\tilde{\eta}|\sigma)$$

で与えられる．ただし $\mathbb{1}[\bullet]$ は指示関数であり，関数の引数が真のときに 1 を偽のときは 0 をとる関数である．この確率は構造パラメータ $\theta = (\beta, \sigma) \in \Theta$ のみの関数となり，これを構造パラメータ推定のための尤度関数 $\mathscr{L}(\theta\ \mu^o)$ と見なすことができる．

いま，研究者は一つの地域の男女について誰と誰が結婚したかという T 年分の時系列マッチングデータを持っているとしよう[16]．単純化の

---

[16]研究者がある年における異なる T 個の場所（たとえば A 地区，B 地区，C 地区…など）のマッチングの横断面データを持っているとしても，時系列データの場合と同様の尤度関数を導出することができる．ただしこの場合には二つの地区間で結婚マッチは発生せず，異なる地区の間で結婚問題は互いに影響を与えないといった追加的な仮定が必要である．

ため，どの年 $t \in \{1, \ldots, T\}$ においても結婚問題に参加するプレイヤーの数は男女ともに N であるとし，男性の集合を $M = \{1, 2, \ldots, N\}$，女性の集合を $W = \{1, 2, \ldots, N\}$ とする[17]．ここで t 年における男性 $i \in M$ と女性 $j \in W$ の属性をそれぞれ X_{it}^m と X_{jt}^w で表記し，それぞれの属性ベクトルとして $X_t^m = \{X_{it}^m | i \in M\}$ および $X_t^w = \{X_{jt}^w | j \in W\}$ とする．

以下の推定では，結婚問題に参加するプレイヤーの属性 $X_t = (X_t^m, X_t^w)$ は毎年変化するが，効用関数と確率効用の分布は時間を通じて不変と仮定する．つまり，男女の確率効用を

$$U_{ijt} = u(X_{it}^m, X_{jt}^w | \beta^m) + \varepsilon_{ijt} \tag{2.13}$$
$$V_{ijt} = u(X_{it}^m, X_{jt}^w | \beta^w) + \eta_{ijt} \tag{2.14}$$

で与え，男女の観察されない確率効用項はどちらも $F(\varepsilon | \sigma)$ という分布に従っているとする．このとき t 年観察される属性を所与とすれば，結婚問題の構造は $\mathbb{S}(\theta | X_t)$ で与えられる．

さらに観察される属性 X_t について強外生性を仮定し，

$$\mathrm{E}\left(\varepsilon_{ijt} | X_s^m, X_s^w\right) = 0$$
$$\mathrm{E}\left(\eta_{ijt} | X_s^m, X_s^w\right) = 0,$$
$$\forall t, s \in \{1, \ldots, T\}$$

とする．また，観察されない確率効用項は互いに独立かつ系列相関なし

$$\mathrm{E}(\varepsilon_{ijt} \eta_{ijs} | X_t^m, X_s^w) = 0$$
$$\mathrm{E}(\varepsilon_{ijt} \varepsilon_{ijt'} | X_t^m, X_{t'}^w) = 0$$
$$\mathrm{E}(\eta_{ijt} \eta_{ijt'} | X_t^m, X_t^w) = 0,$$

---

[17]この男女のプレイヤーの数が時間を通じて不変であるという仮定は説明上の単純化のためのものであり，実際の結婚問題の顕示選好分析では，男女のプレイヤーは毎年変化するという仮定を置くべきである．もし，t 年の結婚問題では男女それぞれ N_t 人が参加するならば，その場合の男女の集合は $M_t = \{1, 2, \ldots, N_t\}$ および $W_t = \{1, 2, \ldots, N_t\}$ となる．このような時間可変なプレイヤー集合の場合でも以下で述べる推定手法は援用可能である．

$$\forall t \neq t' \in \{1, \ldots, T\}$$

と仮定する．

ここで t 年に観察されるマッチングを μ_t^o とすれば，その尤度関数は (2.12) 式にあるように

$$\mathscr{L}(\theta|\mu_t^o) = \int \mathbb{1}\left[\mathbb{M}\big(\tilde{P}^{\mathbb{S}(\beta|X_t)}\big) = \mu^o\right] dF(\tilde{\varepsilon}|\sigma) dF(\tilde{\eta}|\sigma) \quad (2.15)$$

で与えられる．また上記の仮定の下では，異なる二つの期間 $t \neq t' \in \{1, \ldots, T\}$ についてマッチング μ_t^o と $\mu_{t'}^o$ が観察される確率は互いに独立となる．よって，構造パラメータの最尤推定量 $\hat{\theta}^{ML}$ は

$$\ln \mathscr{L}(\theta|\mu_1^o, \ldots, \mu_t^o) = \sum_{t=1}^{T} \ln \mathscr{L}(\theta|\mu_t^o) \quad (2.16)$$

という観察期間全体についての尤度の対数を最大化するものとして与えられる．

2.5.2　シミュレーション最尤法

構造パラメータ θ を最尤法で推定するためには，(2.12) 式で与えられる個別尤度関数の積分を計算する必要がある．そこでは多重積分計算，より具体的には $2N^2$ 重積分の計算を実行する必要がある[18]．t 期においてマッチングが μ_t^o であり，プレイヤーの属性が X_t であるとき，(2.15) 式の尤度関数の積分領域を $A(\beta|\mu_t^o, X_t) \subset \mathbb{R}^{2N^2}$ と表記し，

$$A(\beta|\mu_t^o, X_t) \equiv \left\{(\tilde{\varepsilon}, \tilde{\eta}) \in \mathbb{R}^{2N^2} \,\big|\, \mathbb{M}\big(\tilde{P}^{\mathbb{S}(\beta|X_t)}\big) = \mu^o\right\}$$

---

[18] $(\tilde{\varepsilon}, \tilde{\eta})$ というベクトルは $2N^2$ の要素からなる．よって (2.12) 式中の積分は $\mathbb{R}^{2N^2}$ 空間上の多重積分となる．

と定義すれば，尤度関数 (2.16) 式は以下のようにも書くことができる．

$$\mathscr{L}(\theta|\mu_t^o) = \int_{(\tilde{\varepsilon},\tilde{\eta}) \in A(\beta|\mu_t^o, X_t)} dF(\tilde{\varepsilon}|\sigma) dF(\tilde{\eta}|\sigma) \qquad (2.17)$$

一般に，この積分領域 $A(\beta|\mu_t^o, X_t)$ は $2N^2$ 次元空間内の複雑な領域であり，低次元の直積集合に分解することはできない．よって，(2.17) 式の多重積分は数値的に解く必要がある．このような多重積分を含む尤度関数は，たとえば，以下に示したシミュレーション・アルゴリズムを用いて近似的に計算することができる．

シミュレーション・アルゴリズム

1. 第 t 年第 r 回の試行で確率効用項の実現値 $(\tilde{\varepsilon}_t^r, \tilde{\eta}_t^r)$ を $F(\epsilon|\sigma)$ から派生させる．
2. 構造を $\mathbb{S}$ とする男女の選考の組 $\tilde{P}^{\mathbb{S}(\beta|X_t)r}$ を発見する．
3. 受入留保アルゴリズムなどにより，安定マッチング $\mathbb{M}(\tilde{P}^{\mathbb{S}(\beta|X_t)r})$ を発見する．
4. 上記の安定マッチングが現実に観察されるマッチング μ^o と一致するときに確率効用項の実現値 $(\tilde{\varepsilon}_t^r, \tilde{\eta}_t^r)$ を受容する．すなわち

$$I_t^r(\theta|\mu_t^o) = \mathbb{1}\left[\mathbb{M}(\tilde{P}^{\mathbb{S}(\beta|X_t)r}) = \mu_t^o\right]$$

   という指示関数を定義して記録する．
5. 上記 1〜4 のステップを各期 $t = 1, \ldots, T$ および各試行 $r = 1, \ldots, R$ で行う．

このシミュレーションを行った後，(2.17) 式で与えられる尤度関数は

$$\tilde{\mathscr{L}}(\theta|\mu_t^o) \simeq \frac{1}{R}\sum_{r=1}^{R} I_t^r(\theta|\mu^o) \qquad (2.18)$$

で近似される．

このシミュレーション・アルゴリズムはモデルから予想される安定

マッチングが観察されるマッチングと一致するときにのみ，その結果が受容され，シミュレーション尤度の計算に反映されている．このようなシミュレーション方法は**受容–棄却シミュレータ**と呼ばれ[19]，離散選択モデルにおける選択確率の計算に広く使われる手法である[20]．

シミュレーションで近似された尤度を最大化することによってパラメータを推定する手法を**シミュレーション最尤法**という．受容-棄却シミュレータにより (2.18) 式で尤度関数を近似した場合，シミュレーション最尤推定量は

$$\hat{\theta}^{SML} \equiv \arg\max_{\theta \in \Theta} \sum_{t=1}^{T} \ln \tilde{\mathscr{L}}(\theta|\mu_t^o)$$

で与えられる．

シミュレーション試行回数 R を十分大きくとれば真の尤度をシミュレーションによって近似したことによって発生するバイアスは無視できる．すなわち，$R \to \infty$ のとき $\tilde{\mathscr{L}}(\theta) \to \mathscr{L}(\theta)$ となる．よって $R \to \infty$ のときシミュレーション最尤法による推定量 $\hat{\theta}^{SML}$ は最尤推定量 $\hat{\theta}^{ML}$ と同じ漸近的な性質を持つ[21]．

シミュレーション最尤推定法をマッチングゲームの構造推定に適用する際の最大の問題点として，計算量の爆発的な増大がしばしば指摘される．実際，結婚問題に参加する男女のプレイヤー数 N が中程度の大きさでもマッチングのすべての可能性の場合の数 $|\mathscr{M}| = N!$ は膨大なものとなることに注意すれば，シミュレートされたマッチング $\tilde{\mu}^r$ と

---

[19] 受容–棄却シミュレータは accept-reject simulator の訳語である．この受容–棄却シミュレータから計算される確率（尤度）は全体のシミュレーション回数に対する受容されたマッチング回数の相対頻度でもある．よって，しばしば，受容-棄却シミュレータは頻度シミュレータ (frequency simulator) とも呼ばれる．

[20] その他のシミュレーション・アルゴリズムについての詳細はたとえば，Geweke and Keane (2001) などを参照のこと．

[21] シミュレーション最尤推定量の漸近的性質についての詳細については，Gourieroux and Monfort (1993) を参照のこと．

現実に観察されるマッチング結果 μ_i^o が偶然に一致する確率は一般には極めて小さい．よって，試行回数 R が不十分な大きさである場合には，シミュレートしたマッチング結果を受容するケースが発生せず，結果的にシミュレーション尤度 (2.18) 式が 0 となり，シミュレーション最尤法が実施できないということがある．

この問題を避けるためには，シミュレーション試行回数 R を男女のプレイヤー数 N の増大とともに指数関数的に大きく設定する必要があり，計算コストが爆発的に増大するという問題が発生する[22]．シミュレーション最尤法で，最適なパラメータ値を探索する際に，ある適当な初期値から最終的に最適解に収束するまで，幾度となくシミュレーション尤度を評価するならば，推定には多大な計算時間がかかることになる．このような計算上の理由で，シミュレーション最尤法を適用したマッチングゲームの実証分析はこれまでのところ数例にとどまっている[23]．

2.5.3　シミュレーション積率推定法

確率効用モデルを適用した離散ゲームモデルの構造パラメータ推定では，McFadden (1989) や Pakes and Pollard (1989) により開発された**シミュレーション積率法**が援用されることが多い．この推定方法の基本的なアイデアはゲーム理論モデルのプレイヤーが現実に選ぶ選択結

---

[22] この計算量の爆発的増大の問題は次元の呪い (curse of dimensionality) とも呼ばれる．

[23] Sørensen (2007) はマッチングゲームモデルの顕示選好分析にベイズ的アプローチを援用している．すなわち，対数尤度 (2.16) 式を構造パラメータについて最大化する代わりに，尤度に基づいて計算される構造パラメータの事後分布を求めている．この意味で，彼の実証研究は純粋にシミュレーション最尤法を適用した分析とはいえない．ただし，その事後分布平均は本文中に示した受容-棄却シミュレータを利用して近似計算することが可能である．なお，ベイズ的アプローチにおける事後分布の平均値は最尤推定量と漸近的に同値となることが証明されている（Bernstein-von Mises 定理）．ベイズ法に基づく構造推定の手法，および，計算機集約的手法の詳細については，たとえば，Train (2009) 第 12 章などを参照のこと．

果とモデルからシミュレートされる選択予測の差である残差が外生変数と直交することを利用するというものである[24]．このシミュレーション積率法の推定手法は結婚問題の NTU ゲームの顕示選好分析にも適用可能である．

前節の最尤推定量の導出で仮定した場合と同様に，研究者は T 年分のマッチングについての時系列データを持っているとする．各 t 年に観察されるマッチングを μ_t^o とする．以下では，各 t 年の構造を $\mathbb{S}(\theta|X_t)$ とする結婚問題の NTU ゲームで予測される安定マッチングを $\hat{\mu}_t(\theta) = \mathbb{M}(P^{\mathbb{S}(\theta|X_t)})$ と表記する．この安定マッチングにおいて男性 i と女性 j のマッチは $\hat{\mu}_{ijt}(\theta) \in \{0,1\}$ となっている．

結婚問題の NTU ゲームにおけるマッチ「残差」とは実際に観察されるマッチとモデルから予測されるマッチの差である．ここで $\mu_{ijt}^o \in \{0,1\}$ を実際に観察されるマッチング μ_t^o における男性 i と女性 j のマッチとすれば，残差は

$$v_{ijt} = \mu_{ijt}^o - \mathrm{E}\left[\hat{\mu}_{ijt}(\theta)\Big|X_t\right]$$

で定義される．観察される属性が強外生性を満たすという仮定の下では，マッチ残差は男女の観察される属性と直交している．たとえば，男性の属性 X_{it}^m について

$$\mathrm{E}[X_{it}^m v_{ijt}|X_t] = 0 \iff$$
$$\mathrm{E}\left[X_{it}^m \{\mu_{ijt}^o - \mathrm{E}[\hat{\mu}_{ijt}(\theta)|X_t]\}\Big|X_t\right] = 0$$

が成立している．これをマッチ残差についての**積率条件**と呼ぶ．女性の属性 X_{jt}^w についても同様の積率条件が得られる．これらの積率条件

---

[24] たとえば，Berry (1992) は主体間に相互依存関係がある離散ゲームの構造推定にシミュレーション積率法を適用した最初期の実証研究である．この分野の関連文献についてはたとえば，Bajari, et al. (2010) に詳しい．

の理論的期待値の一部を標本アナログで置き換えたものを

$$\psi_v^m(\theta) \equiv \sum_{t=1}^{T} \sum_{i \in M} \sum_{j \in W} X_{it}^m \{\mu_{ijt}^o - \mathrm{E}[\hat{\mu}_{ijt}(\theta)|X_t]\}$$

$$\psi_v^w(\theta) \equiv \sum_{t=1}^{T} \sum_{j \in W} \sum_{j \in W} X_{jt}^w \{\mu_{ijt}^o - \mathrm{E}[\hat{\mu}_{ijt}(\theta)|X_t]\}$$

と定義すれば，積率推定量は

$$\psi_v^m(\theta) = 0, \quad \psi_v^w(\theta) = 0 \tag{2.19}$$

というモーメントに関する連立方程式の解として定義される．

　上記のマッチに関する残差を利用した積率条件以外にもいくつかの積率条件を発見することが可能である．たとえば，前述の Boyd, et al. (2013) はマッチング相手の属性に注目して積率条件を得ている．いま，t 年に観察されるマッチング結果が μ_t^o であるときに，男性 i の結婚相手である女性は $\mu_{it}^o \in W$ で表される[25]．この女性の t 年における属性は $X_{\mu_{it}^o t}^w$ で与えられる．一方で，モデルが予測する安定マッチングが $\hat{\mu}_t(\theta)$ であるとき，男性 i 結婚相手の女性は $\hat{\mu}_{it}(\theta) \in W$ であり，その女性の属性は $X_{\hat{\mu}_{it}(\theta)}^w$ で与えられる．このとき，男性 i と結婚する女性の属性についての観察値と予測値の差から

$$\xi_{it}^w = X_{\mu_{it}^o}^w - \mathrm{E}\left[X_{\hat{\mu}_{it}(\theta)}^w \middle| X_t\right]$$

という属性に関する残差を定義する．上記で示したマッチの残差についての積率条件と同様に，以下の積率条件を得る．

$$\mathrm{E}[X_{it}^m \xi_{it}^w | X_t] = 0 \iff$$
$$E\left[X_{it}^m \{X_{\mu_{it}^o t}^w - \mathrm{E}[X_{\hat{\mu}_{it}(\theta)}^w | X_t]\} \middle| X_t\right] = 0$$

---

[25] この表記法については，第 2.2 節を参照せよ．

第 2 章 結婚問題の NTU ゲーム

同様にして，女性 j の結婚相手の男性の属性に関する残差は

$$\xi_{jt}^m = X_{\mu_{jt}^o t}^m - \mathrm{E}\left[X_{\hat{\mu}_{jt}(\theta)}^m \middle| X_t\right]$$

と定義され，そのときの積率条件は

$$\mathrm{E}[X_{jt}^w \xi_{jt}^m | X_t] = 0 \iff$$
$$E\left[X_{jt}^w \{X_{\mu_{jt}^o t}^m - \mathrm{E}[X_{\hat{\mu}_{jt}(\theta)}^m | X_t]\} \middle| X_t\right] = 0$$

で与えられる．ここで

$$\psi_\xi^m(\theta) \equiv \sum_{t=1}^T \sum_{i \in M} X_{it}^m \{X_{\mu_{it}^o t}^w - \mathrm{E}[X_{\hat{\mu}_{it}(\theta)}^w | X_t]\}$$

$$\psi_\xi^m(\theta) \equiv \sum_{t=1}^T \sum_{i \in M} X_{jt}^w \{X_{\mu_{jt}^o t}^m - \mathrm{E}[X_{\hat{\mu}_{jt}(\theta)}^m | X_t]\}$$

と定義すれば，追加的なモーメント等式として

$$\psi_\xi^m(\theta) = 0, \quad \psi_\xi^w(\theta) = 0 \tag{2.20}$$

を得る．積率推定量は (2.19) 式と (2.20) 式で与えられる連立方程式の解であるが，一般にこれらは過剰識別となるため[26]，一般化積率法で実際の推定が行われる．

シミュレーション積率法では，上記のモーメント等式の中に残されている条件付き期待値をモデルからのシミュレーションによる近似で置き換えが行われる．いま，第 t 期第 r 回のシミュレーションによって計算した安定マッチングを $\tilde{\mu}_t^r(\theta)$ とする．このとき男性 i と女性 j のマッチは $\tilde{\mu}_{ijt}^r(\theta)$ である．このときシミュレーション最尤法と同様に

---

[26]過剰識別とは，モーメント等式で与えられる制約の数が構造パラメータ θ の次元がよりも大きくなるため，(2.19) 式と (2.20) 式で与えられる連立方程式に解が存在しなくなることをいう．

以下のアルゴリズムでシミュレーションを実行する．

シミュレーション・アルゴリズム

1. 第 t 年第 r 回の試行で確率効用項の実現値 $(\tilde{\varepsilon}_t^r, \tilde{\eta}_t^r)$ を $F(\epsilon|\sigma)$ から派生させる．
2. 構造を $\mathbb{S}$ とする男女の選考の組 $\tilde{P}^{\mathbb{S}(\beta|X_t)r}$ を発見する．
3. 受入留保アルゴリズムなどにより，安定マッチング $\tilde{\mu}_{ijt}^r = \mathbb{M}(\tilde{P}^{\mathbb{S}(\beta|X_t)r})$ を発見する．
4. 上記の1〜3のステップを各試行 $r = 1, \ldots, R$ について行い，以下のマッチおよびマッチ属性の条件付き期待値の近似を行う．

$$\mathrm{E}[\hat{\mu}_{ijt}(\theta)|X_t] \simeq \frac{1}{R}\sum_{r=1}^{R} \tilde{\mu}_{ijt}^r(\theta)$$

$$\mathrm{E}[X_{\hat{\mu}_{it}(\theta)}^w|X_t] \simeq \frac{1}{R}\sum_{r=1}^{R} X_{\tilde{\mu}_{it}^r(\theta)}^w$$

$$\mathrm{E}[X_{\hat{\mu}_{jt}^r(\theta)}^m|X_t] \simeq \frac{1}{R}\sum_{r=1}^{R} X_{\tilde{\mu}_{jt}^r(\theta)}^m$$

このとき，(2.19)式と(2.20)式で与えられるモーメント等式は

$$\tilde{\psi}_v^m(\theta) \equiv \sum_{t=1}^{T}\sum_{i \in M}\sum_{j \in W} X_{it}^m \left\{ \mu_{ijt}^o - \frac{1}{R}\sum_{r=1}^{R} \tilde{\mu}_{ijt}^r(\theta) \right\} = 0$$

$$\tilde{\psi}_v^w(\theta) \equiv \sum_{t=1}^{T}\sum_{i \in M}\sum_{j \in W} X_{jt}^w \left\{ \mu_{ijt}^o - \frac{1}{R}\sum_{r=1}^{R} \tilde{\mu}_{ijt}^r(\theta) \right\} = 0$$

$$\tilde{\psi}_\xi^m(\theta) \equiv \sum_{t=1}^{T}\sum_{i \in M} X_{it}^m \left\{ X_{\mu_{it}^o t}^w - \frac{1}{R}\sum_{r=1}^{R} X_{t\tilde{\mu}_{it}^r(\theta)}^w \right\} = 0$$

$$\tilde{\psi}_\xi^w(\theta) \equiv \sum_{t=1}^{T}\sum_{j \in W} X_{jt}^w \left\{ X_{\mu_{jt}^o t}^m - \frac{1}{R}\sum_{r=1}^{R} X_{\tilde{\mu}_{jt}^r(\theta)}^m \right\} = 0$$

で近似される．一般にこれらの方程式はパラメータ θ について過剰識別となる．よって，

$$\tilde{\psi}(\theta) = (\tilde{\psi}_\nu^m(\theta), \tilde{\psi}_\nu^w(\theta)\tilde{\psi}_\xi^m(\theta), \tilde{\psi}_\xi^w(\theta))$$

という積率条件に関する行ベクトルを定義すれば，シミュレーション積率法による推定量を $\hat{\theta}^{MSM}$ は

$$\hat{\theta}^{MSM} = \arg\max_{\theta \in \Theta}[-\tilde{\psi}(\theta)\tilde{\psi}'(\theta)]$$

という最小化問題の解として推定される．

　シミュレーション積率法による推定量 $\hat{\theta}^{MSM}$ はシミュレーション最尤法による推定量 $\hat{\theta}^{SML}$ とは異なり，シミュレーション試行回数 R を固定したとしても標本数 T が大きくなれば，真のパラメータ値に収束することが知られている．すなわち，シミュレーション積率法による推定量は試行回数 R にかかわらず，一致推定量となる．したがって，シミュレーション積率法では，原理的には，結婚問題のプレイヤー数 N にかかわらず，それと独立に試行回数 R を設定しても良いことになる．これは，シミュレーション最尤法に必要な試行回数 R はプレイヤー数 N とともに爆発的に増大するという点と大きく異なっている[27]．もちろん，一致性があるとはいえ，推定量 $\hat{\theta}^{MSM}$ の漸近分布の分散は試行回数 R に依存し，R の大きさが十分でないときには，シミュレーションノイズとともに推定量の漸近分散が大きくなる．よって，計算実行が可能な範囲で試行回数 R を増やして推定の精度を高めたほうがよいことはいうまでもない．

---

[27] 一方，Bajari, et al. (2010) が指摘するように，シミュレーション積率法における最適化計算の目的関数 $[-\tilde{\psi}(\theta)\tilde{\psi}'(\theta)]$ はシミュレーション最尤法の目的関数である対数尤度関数 $\mathscr{L}(\theta)$ に比べ，「凹曲面度」が低く，最適計算の収束にかなりの時間がかかることが経験的に知られている．そのため，シミュレーション積率法では，最適化計算の初期値の設定に注意を払う必要がある．

2.6 実証研究例

結婚問題の NTU ゲームの顕示選好分析はさまざまな分野のマッチング問題に適用されている．たとえば Hsieh (2011) は文字どおりの男女の結婚問題への応用例である．これ以外にも Echenique, et al. (2013)，Del Boca and Flinn (2012)，Hitsch, et al. (2010) が男女間に発生するマッチングを結婚問題として NTU ゲームで定式化し，その顕示選好分析を行っている[28]．労働市場における応用例として，学校と教員のマッチング問題を扱った Boyd, et al. (2013) についてはすでに紹介した．また金融市場における応用として，Sørensen (2007) はベンチャーキャピタルと起業家の間のマッチングについて顕示選好分析を行っている．また，Chen and Song (2012) は銀行と企業の間の融資関係を NTU マッチングゲームとして定式化し，Sørensen (2007) の開発したベイズ推定手法で両者のマッチに関する効用関数を推定している．公共経済分野における応用としては地方自治体の合併をマッチングモデルで分析した Gordon and Knight (2009) がある．また，経営分野における研究として，Yang, et al. (2009) は全米プロバスケットボールリーグを対象いてフリーエージェントプレイヤーとチームの両側マッチングについて顕示選好分析を行っている．

---

[28] Del Boca and Flinn (2012) および Hitsch, et al. (2010) は結婚問題を NTU ゲームとして定式化し，顕示選好分析を行っているが，ゲームのプレイヤーの選好パラメータの推定は結婚問題の NTU ゲームとは別の意思決定モデルに基づいている．いずれの研究も推定された選好パラメータに基づき受入留保留保アルゴリズを実行し，結婚問題の NTU ゲームが予測する安定マッチングと現実に観察されるマッチングを比較している．

2.7 まとめと展望

本章は結婚問題の NTU ゲームについて，顕示選好分析を実施する統計的手法を概説した．まず，結婚問題におけるマッチングの安定性についての理論的帰結を紹介した後，顕示選好分析をメカニズムの逆問題として定式化した．次に，確率効用モデルという構造を導入し，顕示選好分析を計量経済モデルのパラメータ推定問題として再定式化した．その際にゲームモデルが複数の安定マッチングを予測することに起因する計量経済モデルの不完全性を指摘し，それを解決するために使われる代表的な手法を紹介した．最後に，結婚問題の NTU ゲームの構造パラメータを推定するための具体的な方法として，シミュレーション最尤法とシミュレーション積率法という計算機集約的な手法の説明を行った．

結婚問題の NTU ゲームの顕示選好分析では，いくつかの実証分析上の問題点が指摘されている[29]．第一に結婚問題に複数の安定マッチングが存在することに起因する構造パラメータ推定の困難性について完全な解決策が見いだされたわけではない．本章では先行研究で採用されている二つの対処方法を紹介したが，これらは定式化の誤りに対して頑強ではない．よって，最近では不完全な計量経済モデルに対する一般的な推定手法である包含分析 (bound analysis) [30] を結婚問題の NTU ゲームの顕示選好分析に援用し，構造パラメータ識別の困難性に

---

[29] こうした指摘については，Graham (2011) を参照せよ．

[30] 一般的な包含分析についての詳細な説明は Imbens and Manski (2004) および Chernozhukov, et al. (2007) などを参照のこと．また，複数均衡を持つ離散ゲームを分析する際の不完全な計量経済モデルに包含分析を適用した研究としては，Ciliberto and Tamer (2009) および Pakes, et al. (2011) などがある．

対処するという新たな実証研究が積み重ねられている[31]．第二に，次章で取り扱う結婚問題の TU ゲームの顕示選好分析で詳細に議論するが，結婚問題の安定マッチングが一意であったとしてもゲームのプレイヤーの結婚相手の選好が一意に識別されるとは限らない[32]．結婚問題の NTU ゲームでは予測される安定マッチングが複数存在するため，構造パラメータを観察されるマッチングデータから一意に特定化し，選好パラメータを識別するための条件を求めることは一般には容易ではない[33]．よって，結婚問題の NTU ゲームに関する選好パラメータの識別に関する厳密な計量経済学的研究は今後の課題として残されている．

---

[31] そのようなマッチングゲームの顕示選好分析としては Uetake and Watanabe (2012) や Echenique, et al. (2013) がある．その手法の詳細な説明は本書の範囲を超えるため割愛する．

[32] 一般に構造パラメータが識別されるためには構造パラメータから観察されるデータへの写像が全単写（一対一かつ上への写像）となることが必要である．

[33] 一方，結婚問題の TU ゲームでは構造パラメータが識別されるための十分条件が Choo and Siow (2006b) や Fox (2010) によって提示されている．Choo and Siow (2006b) については次章で紹介する．

第 3 章 結婚問題の TU ゲーム

3.1 はじめに

本章では,結婚問題の TU ゲームを対象に顕示選好分析の解説を行う[1].前章で取り扱った NTU ゲームとの相違はプレイヤー間で効用の**移転**が行われるか否かである.TU ゲームと NTU ゲームのどちらの場合も,結婚問題に参加するプレイヤーは結婚することで効用を得ると仮定される.しかし,NTU ゲームの場合には潜在的なパートナーとの結婚から得られる効用は結婚前も結婚後も変化しないが,TU ゲームでは,結婚後に結婚から高い効用を得る側から低い効用を得る側に効用の一部を支払うことで,効用の「補填」が行われると想定される.つまり TU ゲームの想定の下では,女性にとって効用が低い「もてない」男性であっても,相手の女性に十分な支払いをすることで自分が相手に与える低い効用の埋め合わせることができれば,高い効用をもたらす「魅力的」な女性との結婚できる可能性がある.以下でその具体例をみていこう.

例 3.1 男性と女性それぞれ 3 人が参加する結婚問題を考える.それぞ

---

[1] TU ゲームによるマッチング理論の詳細は Roth and Sotomayor (1992) 第 8 章を参照のこと.

れのプレイヤーが結婚から得られる効用は以下で与えられている.

$$U^\clubsuit = \begin{pmatrix} 6 & 2 & 0 \\ 3 & 5 & 1 \\ 1 & 2 & 0 \end{pmatrix}, \quad V^\clubsuit = \begin{pmatrix} 1 & 2 & 3 \\ 3 & 3 & 4 \\ 0 & 1 & 2 \end{pmatrix} \tag{3.1}$$

ただし,行列 $U^\clubsuit$ の (i, j) 要素は男性 i が女性 j との結婚で得られる効用を表しているとする.たとえば,男性 1 が女性 1 と結婚して得る効用は行列 U の $(1, 1)$ 要素である 6 である.同様に行列 $V^\clubsuit$ の (i, j) 要素は女性 j が男性 i との結婚で得られる効用である.なお,これらの効用 $U^\clubsuit$ と $V^\clubsuit$ は NTU ゲームで結婚問題を分析した前章 (2.1) 式で与えられた選好 $P^\clubsuit$ と対応している. ■

例 3.1 で与えられる結婚問題を NTU ゲームとして定式化すれば,女性が先にプロポーズする受入留保アルゴリズムによって決定される安定マッチングは

$$\mu^\heartsuit = \begin{pmatrix} 0 & 1 & 0 \\ 1 & 0 & 0 \\ 0 & 0 & 1 \end{pmatrix}$$

図 3.1 安定マッチングと効用

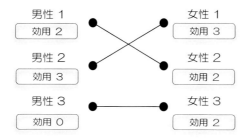

となる．この安定マッチング $\mu^\heartsuit$ の下では（男性1，女性2），（男性2，女性1），（男性3，女性3）というマッチが成立する．図 3.1 に NTU ゲームにおける安定マッチングと男女が結婚から得る効用を記している．

NTU ゲームにおける安定マッチング定義により，図 3.1 に示されるマッチ以外のどのようなマッチを選んでも，プレイヤーの効用を同時に上げることはできない．つまり，安定マッチング $\mu^\heartsuit$ はどのマッチによってもブロックされることはない．たとえば，男性1が女性2との結婚を解消し，別の女性1との結婚を望んだとしよう．この場合，男性1の効用は6に増加する一方で，女性1の効用は2に低下する．この状況を図 3.2 に示した．よって，女性1は男性2と別れてまで男性1と結婚することは望まない．つまり，$\mu^\heartsuit$ という安定マッチングは，（男性1，女性1）というマッチによりブロックされることはない．

この NTU ゲームにおける安定マッチング $\mu^\heartsuit$ は男女間で効用の移転が可能であると仮定しても安定的だろうか？　効用が男女間で譲渡可能であるという仮定の下，再度，男性1が女性2との結婚を解消し，女性1との結婚を望んだと仮定しよう．いま，男性1が女性2に結婚後に2の効用を支払うと約束したとしよう．このとき男性1の支払いを終えた後の効用は $6-2=4$ になり，女性1の支払いを受け取った後の効用は $2+2=4$ となる．効用の移転が可能な場合の男性1と女性1の結婚後の効用を図 3.3 に示している．

このように，効用の移転が可能ならば，男性1と女性1の双方とも現在の結婚関係を解消して，お互いに結婚をしたほうが効用は増大することになる．つまり，$\mu^\heartsuit$ というマッチングは（男性1，女性1）というマッチによりブロックされる．したがって，TU ゲームが想定する状況では，NTU ゲームの安定マッチング $\mu^\heartsuit$ は**安定的ではない**．

効用が譲渡可能であるという前提で結婚問題を分析する研究は Becker (1973) の先駆的な研究に遡ることができる．Becker (1973) は結婚問題をマッチングの TU ゲームの一つである Shapley and Shubik (1971) の配

図 3.2 効用移転がない場合

図 3.3 効用移転がある場合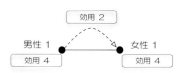

分ゲームにより定式化し[2]，男性と女性のそれぞれの結婚相手に対する選好が実現するマッチングに与える影響を理論的に明らかにした[3]．次節では，この Becker (1973) の分析枠組みにしたがって結婚問題の TU ゲームを定式化し，その重要な理論的な帰結として Shapley and Shubik (1971) の定理を紹介する．

3.2 モデル

3.2.1 セットアップ

婚活に参加する男性と女性の人数をそれぞれ N とし，男性の集合を $M = \{1, \ldots, N\}$，女性の集合を $W = \{1, \ldots, N\}$ で表記する．また結婚問題における男性と女性のマッチングを 0 と 1 からなる $N \times N$ 行列 μ で表す．マッチング μ の (i, j) 要素を μ_{ij} としよう．もし男性 i が女性 j と結婚したときにはマッチ (i, j) が形成され，$\mu_{ij} = 1$ となる．それ以外の場合は $\mu_{ij} = 0$ となる．すべての可能なマッチングの集合を $\mathcal{M}$ で表記する．このとき，可能なマッチングの状態の総数は $|\mathcal{M}| = N!$ であることがわかる．

男性と女性の各プレイヤーは結婚することで効用を獲得する．いま，

---

[2]配分ゲームは assignment game の訳語である．
[3]Becker (1973) の結婚モデルを含む一般的な結婚の経済分析についての優れた解説書として Browning, et al. (2014) がある．

男性 i が女性 j と結婚することで得る効用を U_{ij} とする[4]．同様に，女性 j が男性 i と結婚することで得るの効用を V_{ij} とする．分析を単純化するために，男性 i と女性 j が独身でいることの効用を 0 と基準化し，どの男性と女性についても $U_{ij} > 0$ かつ $V_{ij} > 0$ とする．この場合には男女は必ず誰かと結婚することになる[5]．

TU ゲームでは，プレイヤーの効用は譲渡可能である．いま男性 i から女性 j へ譲渡される効用の大きさを τ_{ij} で表記する．もし $\tau_{ij} > 0$ ならば男性から女性へ効用が支払われる．また，もし $\tau_{ij} < 0$ ならば女性から男性への効用が支払われると解釈する．このような支払いは**別払い**とも呼ばれ[6]，マッチングを実現する有効な手段の一つである．

男性 i から女性 j に τ_{ij} という別払いが行われたとすれば，男女それぞれの別払い後の効用は $U_{ij} - \tau_{ij}$ と $V_{ij} + \tau_{ij}$ となる．男女が別払い後に獲得するこれらの事後的な効用を**利得**と呼ぶことにしよう．男性 i の利得を u_i，女性 j の利得 v_j と表記する．さらに，男性の利得ベクトルとして $u = \{u_i | i \in M\}$ とする．同様に女性の利得ベクトルを $v = \{v_i | j \in W\}$ とする．男性と女性の利得ベクトルの組を (u, v) で表す．ここで結婚問題の TU ゲームの**結果**とは，上記の各プレイヤーの効用最大化問題により決定されるマッチングと利得ベクトルのリスト $\omega = (\mu, u, v)$ のことである．

男性と女性が結婚したときに得られる効用の和を**マッチ価値**と呼ぶことにする．具体的には男性 i と女性 j のマッチ (i, j) における価値を Φ_{ij} で表記すれば，$\Phi_{ij} = U_{ij} + V_{ij}$ となる．この等式を書き直せば $\Phi_{ij} = (U_{ij} - \tau_{ij}) + (V_{ij} + \tau_{ij})$ となるので，男性と女性の利得は結婚で

---

[4] 結婚問題の NTU ゲームでは結婚相手に対する選好はこの効用の順序として表現している．つまり，$U_{ik} > U_{il}$ ならば，男性 i にとって女性 k との結婚は女性 l の結婚より望ましいことを意味する．

[5] 独身のままでいることを選択肢に含む結婚問題の拡張については後述の第 3.5 節を参照のこと

[6] 別払いは sicepayment の訳である．手付けと訳されることもある．

生み出されるマッチ価値を夫婦間で分配したものとも解釈できる.

マッチ価値の定義より，マッチング μ で成立するマッチ (i,j) では $u_i + v_j = \Phi_{ij}$ が成立する．さらに，マッチング μ における男性 i と女性 j のそれぞれの結婚相手を μ_i と μ_j と表記すれば，どのような男性 $i \in M$ と女性 $j \in W$ についても

$$u_i + v_{\mu_i} = \Phi_{i\mu_i} \tag{3.2}$$

$$u_{\mu_j} + v_j = \Phi_{\mu_j j} \tag{3.3}$$

が成立している.

結婚問題に参加するすべてのプレイヤー間のマッチ価値を表現するために $\Phi = \{\Phi_{ij} | i \in M, j \in W\}$ という $N \times N$ 行列を使用する．もし，男性と女性の結婚相手に対する効用を，それぞれ，$U = \{U_{ij} | i \in M, j \in W\}$ と $V = \{V_{ij} | i \in M, j \in W\}$ という $N \times N$ 行列で表記すれば $\Phi = U + V$ と書くことができる.

3.2.2 安定性条件

結婚問題の TU ゲーム理論では，結婚後の別払いを適切に設定すれば，結婚結果をある**安定的な状態**に置くことができることが示されている．そのような安定状態では現在の結婚相手との結婚を解消し，お互いに再婚することで状態を改善することができる男女が存在しない．このような安定性は結婚問題の NTU ゲームでも論じた[7]．TU ゲームにおける結婚結果の安定性は以下で定義される.

定義 結婚問題の TU ゲームにおいて**安定結果** $\omega^* = (\mu^*, u^*, v^*)$ は以下の条件を満たす.

---

[7]協力ゲーム理論の用語を使えば，この安定結果はコアにあるともいえる．コアの外のいかなる提携によってもメンバーの利得を同時に増加させることはできない.

第3章 結婚問題の TU ゲーム

(i) 実現可能性

$$\sum_{i\in M} u_i^* + \sum_{j\in W} v_j^* = \sum_{i\in M}\sum_{j\in W} \mu_{ij}^* \Phi_{ij} \tag{3.4}$$

(ii) 安定性

$$u_i^* + v_j^* \geq \Phi_{ij} \quad \forall i \in M, \forall j \in W \tag{3.5}$$

この定義における実現可能性条件 (i) は男性と女性のプレイヤーの利得の合計は結婚によって実現されるマッチ価値の総和と等しくてはならないことを意味している．さらに安定性条件 (ii) は結果 ω^* におけるマッチング μ^* はどのようなマッチによってもブロックされないことを意味している．もし，安定性条件が成立しないと仮定すれば，ある男性 i と女性 j について $u_i^* + v_j^* < \Phi_{ij}$ となる．よって，この男性 i と女性 j が結婚すれば[8]，Φ_{ij} というマッチ価値を分配して双方とも高い利得を得ることができる．つまり，マッチ (i,j) はマッチング μ^* をブロックする．以下では，安定結果が $\omega^* = (\mu^*, u^*, v^*)$ であるとき，μ^* を**安定マッチング**，(u^*, v^*) を**安定利得配分**と呼ぶことにしよう．

なお，安定性条件 (ii) において (i,j) 要素が $\Psi_{ij}^* = u_i^* + v_{ij}^*$ となる $N \times N$ 行列を定義すれば，(3.5) 式は，行列を使って

$$\Psi^* \geq \Phi \tag{3.6}$$

と書くこともできる．

Shapley and Shubik (1971) は，結婚問題の TU ゲームには安定結果が必ず存在し，それはある種の**最適化問題**と密接に関連していることを示した．

定理 3.2 (Shapley and Shubik, 1971)

---

[8] この男性 i と女性 j の利得の和は $u_i^* + v_j^* \neq \Phi_{ij}$ であるので安定マッチング μ^* では結婚していない．

1. 安定マッチング μ^* は以下の最大化問題の解として得られる.

$$\max_{\mu} \sum_{i \in M} \sum_{j \in W} \mu_{ij} \Phi_{ij} \tag{3.7}$$

$$\text{subject to } \mu_{ij} \geq 0, \tag{3.8}$$

$$\sum_{i \in M} \mu_{ij} \leq 1, \tag{3.9}$$

$$\sum_{j \in W} \mu_{ij} \leq 1. \tag{3.10}$$

2. 安定利得配分 (u^*, v^*) は以下の最小化問題の解として与えられる.

$$\min_{u_i, v_j} \left(\sum_{i \in M} u_i + \sum_{j \in W} v_j \right) \tag{3.11}$$

$$\text{subject to } u_i \geq 0, v_j \geq 0, \tag{3.12}$$

$$u_i + v_j \geq \Phi_{ij} \tag{3.13}$$

ここで定理 3.2 の前半の制約付き最大化問題の不等式制約 (3.8) 式〜(3.10) 式は結婚問題で考え得るすべてのマッチング $\mu \in \mathcal{M}$ で満たされていることに注意する[9]. よってこの定理の制約付き最大化問題は制約なしの最大化問題

$$\max_{\mu \in \mathcal{M}} \sum_{i \in M} \sum_{j \in W} \mu_{ij} \Phi_{ij} \tag{3.14}$$

と書くこともできる. したがって安定マッチング μ^* は結婚問題に参加するすべてのプレイヤーのマッチ価値の総和を最大化する男女の結婚の組み合わせを与えていることがわかる.

---

[9] 本章で扱う結婚問題では男女は異性の相手一人と必ず結婚すると想定されていた. よって常に $\sum_{i \in M} \mu_{ij} = \sum_{j \in W} \mu_{ij} = 1$ である.

第3章 結婚問題の TU ゲーム

例 3.3 引き続き，例 3.1 の結婚問題を考える．このときのマッチ価値は

$$\Phi^{\clubsuit} = \begin{pmatrix} 7 & 4 & 3 \\ 6 & 8 & 5 \\ 1 & 3 & 2 \end{pmatrix}$$

で与えられる．定理 3.2 より安定マッチングは，制約付き最大化問題 (3.7) 式〜(3.10) 式または制約なし最大化問題 (3.14) 式の解として得られる．この結婚問題では $3! = 6$ 種類のマッチングが可能であるが，合計価値を最大化するただ一つのマッチングは

$$\mu^{\clubsuit} = \begin{pmatrix} 1 & 0 & 0 \\ 0 & 1 & 0 \\ 0 & 0 & 1 \end{pmatrix}$$

である．したがって，これが TU ゲームの安定マッチングとなっている．このときのマッチ価値の総和は 17 となっている． ∎

さらに定理 3.2 は線形計画法と密接に関連している[10]．定理前半の制約付き最大化問題は典型的な線形計画問題であり，その双対問題は定理後半の最小化問題である[11]．可能なマッチングの数は有限であるので，制約付き最大化問題 (3.7) 式〜(3.10) 式および制約なし最大化問題 (3.14) 式は必ず解を持つ．したがって，どの結婚問題の TU ゲームでも安定マッチングは存在する．また，双対問題である最小化問題 (3.11) 式〜(3.13) 式も必ず実行可能解を持つことは容易に確かめられる．

例 3.4 例 3.3 では例 3.1 で与えられる結婚問題の安定マッチングを求

---

[10]安定マッチングの下で結婚している男女 ($\mu_{ij}^* = 1$) について $u_i^* + v_i^* = \Phi_{ij}$ が成立しているという結果は線形計画法でいう相補スラック条件であるとも解釈できる．

[11]線形計画法と双対問題については Dantzig (1963) に詳しい．また線形計画法の日本語での代表的な教科書としては今野浩 (1987) がある．

めた．今度はその安定マッチングに対応する安定利得配分を発見する．たとえば，次のような利得 $(u^{\clubsuit}, v^{\clubsuit})$ を考える．

$$u^{\clubsuit} = (u_1^{\clubsuit}, u_2^{\clubsuit}, u_3^{\clubsuit}) = (7, 7, 2)$$
$$v^{\clubsuit} = (v_1^{\clubsuit}, v_2^{\clubsuit}, v_3^{\clubsuit}) = (0, 1, 0)$$

ここですべてのプレイヤーの利得合計は安定マッチングにおけるマッチ価値合計である 17 に等しく (3.4) 式の条件から，この利得は実行可能であることがわかる．さらに (i, j) 要素が $u_i^{\clubsuit} + v_j^{\clubsuit}$ で与えられる $N \times N$ 行列 $\Psi^{\clubsuit}$ を考えれば，

$$\Psi^{\clubsuit} = \begin{pmatrix} 7 & 8 & 7 \\ 7 & 8 & 7 \\ 2 & 3 & 2 \end{pmatrix}$$

となる．このとき，明らかに $\Psi^{\clubsuit} \geq \Phi^{\clubsuit}$ であるので，安定性の条件である (3.6) 式も満たされる．これらのことから $(u^{\clubsuit}, v^{\clubsuit})$ は安定利得配分であることが示された．しかしながら，これとは別の安定利得配分も存在する．たとえば

$$u^{\clubsuit\clubsuit} = (u_1^{\clubsuit\clubsuit}, u_2^{\clubsuit\clubsuit}, u_3^{\clubsuit\clubsuit}) = (1, 3, 0)$$
$$v^{\clubsuit\clubsuit} = (v_1^{\clubsuit\clubsuit}, v_2^{\clubsuit\clubsuit}, v_3^{\clubsuit\clubsuit}) = (6, 5, 2)$$

という利得も安定であることは容易に確かめられる．このように安定マッチングは一意であっても安定利得配分は**複数存在する**可能性がある． ∎

3.2.3　効用最大化と別払い設定

定理 3.2 により結婚問題の TU ゲームには安定結果が常に存在することが明らかなった．では，安定結果はゲームのプレイヤーの個別の**利得最大化行動**の結果として実現するのだろうか？

たとえば，男性 i から女性 j への別払いとして $\tau_{ij}^* = v_j^* - V_{ij}$ とする場合を考えてみよう．これはどの男女も婚活を始める前に安定利得配分 (u^*, v^*) について知っており，男性がどの女性についても彼女の結婚後の利得が安定利得配分で得られる額になるまでは別払いを行うと約束している状況とも解釈できる．すべての男性がこのような別払いを約束すれば，プレイヤーの利得最大化行動の結果として安定マッチングが実現することは以下のように示される．

まず，この別払い設定の状況において男性 i が女性 j へ τ_{ij}^* という別払いを行った後に彼女と結婚することで得られる効用の大きさは

$$U_{ij} - \tau_{ij}^* = \Phi_{ij} - v_j^*$$

で与えられる．ここで (3.2) 式と (3.5) 式を組み合わせれば，どのような女性 $j \in W$ についても

$$\Phi_{i\mu_i^*} - v_{\mu_i^*}^* = u_i^* \geq \Phi_{ij} - v_j^*,$$

が成立するので，男性 i は女性 μ_i^* を選ぶと効用が最大になり，u_i^* という利得を得ることがわかる．

次に，女性 j が男性 i から τ_{ij}^* という別払いを受け取った後に，彼と結婚することで得られる効用の大きさは

$$V_{ij} + \tau_{ij}^* = v_j^*$$

となる．すなわち，どの男性を選んでも同一の利得 v_j^* 得ることができる．よって，女性 j は μ_j^* という男性を結婚相手として選んでも効用最大化行動とは矛盾しない．

したがって，男性 i が女性 j に τ_{ij}^* という別払いを与えるという設定では，結婚問題に参加するプレイヤーの個別の利得最大化行動の結果として安定マッチング μ^* が成立し，かつ，プレイヤーの得る利得は安定利得配分 (u^*, v^*) と一致することが示された．言い換えれば，すべ

てのプレイヤーが安定結果を事前に知っているならば，それは男性と女性の個別の利得最大化行動の結果として実現できることを意味している．

3.2.4 オークション・アルゴリズム

マッチング理論では，結婚問題の TU ゲームにおける安定結果は**オークション**によっても決定できることが示されている[12]．この場合には，ゲームのプレイヤーは安定結果を事前に知らずとも，分権的に安定結果が成立する．

たとえば，男性が結婚を希望する女性に公開で「入札」を行う仮想的なオークションを考えてみよう．この「入札」における指値は男性が女性に支払う別払いである．オークションは以下のような手順で進むものと仮定する．

1. 指値は 0 円からスタートする
2. 男性から複数入札があった女性には指値を 1 円せり上げる
3. すべての男性に女性を過不足なく割り当てることができるまでオークションを継続する
4. オークションの終了後に男性は「落札」した女性に落札時の指値を別払いして結婚する

例 3.5 再び例 3.1 の結婚問題を考える．この場合に上記の男性入札のオークションをあてはめてみよう．まず，指値 0 円でオークションが開始されるので，この指値では男性は落札後に女性に別払いをしなくてもよい．よって男性の結婚後の利得がそのままマッチ価値となり，これが最大となる女性に入札を行うと考えられる．たとえば男性 1 が女性 1，女性 2，女性 3 と結婚するならばそれぞれ，$\Phi_{11} = 7$，$\Phi_{12} = 4$，$\Phi_{13} = 3$ のマッチ価値を得るので，最も事後効用が高くなる女性 1 に

---

[12] 詳細な説明は Roth and Sotomayor (1992) 第 8.3 節を参照せよ．

図 3.4　男性入札のオークション推移

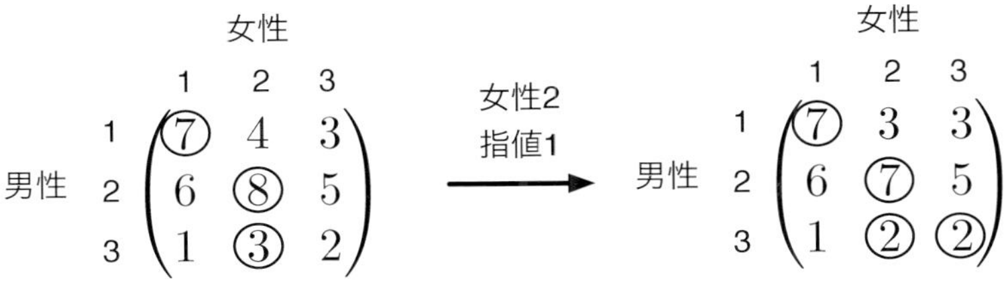

$$\begin{array}{c} \text{女性} \\ \begin{array}{cccc} & 1 & 2 & 3 \\ 1 & ⑦ & 4 & 3 \\ 男性 \quad 2 & 6 & ⑧ & 5 \\ 3 & 1 & ③ & 2 \end{array} \end{array} \xrightarrow{\begin{array}{c}\text{女性2}\\ \text{指値1}\end{array}} \begin{array}{c} \text{女性} \\ \begin{array}{cccc} & 1 & 2 & 3 \\ 1 & ⑦ & 3 & 3 \\ 男性 \quad 2 & 6 & ⑦ & 5 \\ 3 & 1 & ② & ② \end{array} \end{array}$$

(a) オークション1回目　　　　　　(b) オークション2回目

入札する．入札結果は図 3.4(a) に示されたマッチ価値の行列 $\Phi^\clubsuit$ という行列中の○で表されている．同様な効用最大化により男性 2 と男性 3 はともに女性 2 に入札を行っている．この場合，女性 2 を男性 2 と男性 3 に同時にを割り当てることができないので，オークションは終了せず，次のステージに継続される．

新たな入札のステージでは，二人の男性から入札があった女性 2 に対する指値が 1 円にせり上がる．すべての男性は落札後に女性 2 に 1 円支払うので，女性 2 と結婚して別払いを行った後の男性の効用は誰にとっても 1 ずつ低下し，図 3.4(b) の行列のようになる．この場合には，効用を最大にする入札結果として，男性 1 は女性 1 に入札し，男性 2 は女性 2 に入札し，男性 3 は女性 2 または女性 3 に入札する．この場合には男性 1 には女性 1 を，男性 2 には女性 2 を，男性 3 には女性 3 を割り当てることができるのでオークションは終了する．

落札結果は図 3.5 の□で表されている．最終的に男性 1 には女性 1 が，男性 2 には女性 2 が，男性 3 には女性 3 が割当られ，このマッチングは，この結婚問題の安定マッチング $\mu^\clubsuit$ と一致している．さらに，結婚後の男性の利得は $(u_1, u_2, u_3) = (7, 7, 2)$ であり，結婚後の女性の利得は $(v_1, v_2, v_3) = (0, 1, 0)$ となる．これは例 3.3 に示した安定利得 $(u^\clubsuit, v^\clubsuit)$ でもある． ∎

図 3.5　男性入札のオークション結果

$$\text{男性}\quad\begin{array}{c} \\ 1 \\ 2 \\ 3 \end{array}\overset{\text{女性}}{\begin{array}{c}\begin{array}{ccc}1&2&3\end{array}\\ \begin{pmatrix}\boxed{7}&3&3\\6&\boxed{7}&5\\1&2&\boxed{2}\end{pmatrix}\end{array}}$$

図 3.6　女性入札のオークション結果

$$\text{男性}\quad\begin{array}{c} \\ 1 \\ 2 \\ 3 \end{array}\overset{\text{女性}}{\begin{array}{c}\begin{array}{ccc}1&2&3\end{array}\\ \begin{pmatrix}\boxed{6}&3&2\\3&\boxed{5}&2\\1&3&\boxed{2}\end{pmatrix}\end{array}}$$

上記の例では男性が女性に「入札」するオークションを考えたが，それとは反対に女性が男性に「入札」するオークションでも結婚問題の安定結果が実現できることが知られている．図 3.6 には例 3.1 の結婚問題について女性が男性に入札を行った場合のオークション結果を示している．このとき女性が最終的に得る結婚後の利得は $(v_1, v_2, v_3) = (6, 5, 2)$ である．一方，オークションの結果，男性 1 は女性 1 から 1 の指値が，また，男性 2 については女性 2 から 3 の指値が支払われるので，男性の結婚後の利得は $(u_1, u_2, u_3) = (1, 3, 0)$ である．これは例 3.3 で示したもう一つの安定利得配分 $(u^{\clubsuit\clubsuit}, v^{\clubsuit\clubsuit})$ となっている．

ここで紹介した結婚相手に対する仮想的な公開入札では，オークション・アルゴリズムによって需要（= 入札する男性または女性の数）と供給（= 入札後に割り当てられる女性または男性の数）が一致するように別払い額が自動的に調整されるともいえる．この意味で結婚問題の TU ゲームにおける安定結果とは結婚相手に対する需要と供給が一致する**均衡状態**にあるということができる．以下の顕示選好分析では，安定結果における均衡条件を利用して，現実に観察される結婚結果からそれをもたらしたプレイヤーの選好を明らかにする顕示選好分析の手法を紹介する．

3.3 顕示選好分析

結婚問題の TU ゲームにおける顕示選好分析では,現実に観察されている男女のマッチング結果が安定的であるという前提に立ち,男女のどのようなマッチ価値がその結果をもたらしたのかが明らかにされる.前節までで示したマッチング理論の帰結として,結婚問題の TU ゲームには常に安定結果が存在するということが示されている.この関係を写像として定義すれば,顕示選好分析はその写像の**逆問題**として定式化できる.

3.3.1 メカニズムと割当

結婚問題の TU ゲームではマッチ価値 Φ から安定結果 ω^* への写像を**メカニズム**と定義する.メカニズムを $\mathbb{M}$ と表記すれば,

$$\mathbb{M}(\Phi) = \omega^* \tag{3.15}$$

となる.たとえば,前節で示した男性が女性に公開入札するオークションはメカニズムの一つである.TU ゲームの安定結果を発見する方法はこれ以外にも存在するので,一つの結婚問題に複数のメカニズムが共存可能である[13].

一方,メカニズムがマッチ価値から写す安定結果のうち安定マッチングのみに注目し,マッチ価値 Φ から安定マッチング μ^* への写像を定義する.この写像を**割当**と呼び,$\mathbb{A}$ で表記すれば

$$\mathbb{A}(\Phi) = \mu^* \tag{3.16}$$

となる.一般的な条件の下で定理 3.2 に示した制約付き最大化問題題

---

[13]別のメカニズムとして女性が男性に公開入札するオークションを考えることができる.また最大化問題 (3.7) 式〜(3.10) 式を解き,中央集権的に安定マッチングを発見するという方法もメカニズムの一つとして考えられる.

図 3.7　写像：メカニズム　　　　図 3.8　写像：割当

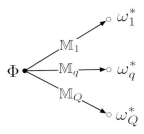
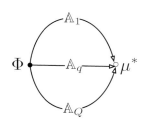

(3.7) 式〜(3.10) 式は一意の解を持つので[14]，その場合には，どのような割当であってもマッチ価値 Φ の像は一つの安定マッチング μ^* となる．

図 3.7 と図 3.8 はメカニズムと割当の写像を模式的に示している．この結婚問題には $\mathbb{M}_1,\ldots,\mathbb{M}_Q$ という Q 個の複数のメカニズムがあり，それぞれが同一のマッチ価値 Φ について異なる複数の安定結果 $\omega_1^*,\ldots,\omega_Q^*$ がある．一方，それぞれのメカニズムに対応して，割当も $\mathbb{A}_1,\ldots,\mathbb{A}_Q$ のように複数存在するが，安定マッチング μ^* はただひとつ与えられている．

顕示選好分析では実際に観察される結婚結果がある結婚問題の TU ゲームの安定結果であると仮定する．いま，現実に観察される結婚結果を $\omega^o = (\mu^o, u^o, v^o)$ とする．結婚問題のメカニズムの一つを $\mathbb{M}$ とし，対応する割当を $\mathbb{A}$ とすれば，あるマッチ価値 Φ^o について

$$\mathbb{M}(\Phi^o) = \omega^o$$
$$\mathbb{A}(\Phi^o) = \mu^o$$

が成立する．このように観察される結婚結果と整合的なマッチ価値 Φ^o を求めることが顕示選好分析の目的である．これは写像の逆問題

$$\Phi^o = \mathbb{M}^{-1}(\omega^o)$$

---

[14]詳しくは Shapley and Shubik (1971) を参照のこと．

$$\Phi^o = \mathbb{A}^{-1}(\mu^o) \tag{3.17}$$

としても定式化できる.

なお,結婚問題の TU ゲームの顕示選好分析に際して,写像としてメカニズム $\mathbb{M}$ を使うか,または,割当 $\mathbb{A}$ をつかうかは,研究者がどのようなデータを観察することができるかに依存する.多くの場合,結婚問題では,研究者はどの男性がどの女性と結婚しているかを観察することができるが,通常はそれぞれが結婚からどのような利得を得ているかについては分からない.このようなマッチング μ^o のみが観察される状況では割当 $\mathbb{A}$ を使って観察されるマッチングと整合的なマッチ価値を発見することを試みるのが自然である.よって以下では割当 $\mathbb{A}$ を使用する顕示選好分析の方法を紹介する[15].

3.3.2 NTU ゲームとの相違点

前章で取り扱った結婚問題の NTU ゲームでも写像の概念に基づく顕示選好分析を説明した.ここでは TU ゲームと NTU ゲームそれぞれの分析の相違点について簡単にまとめておく.

まず,顕示選好分析でデータに基づき推定を行う対象は NTU ゲームについては男女のプレイヤーそれぞれの結婚から得られる効用 (U, V) であったのに対して,TU ゲームについては男女の効用の和であるマッチ価値 Φ となっている.実際,観察されるマッチング μ^o と整合的なマッチ価値 Φ^o が一意に特定されたとしても $U^o + V^o = \Phi^o$ を満たす男性の効用 U^o と女性の効用 V^o は組み合わせは無数にある.よって TU ゲームの枠組みでは男女の効用を一意に特定することはできない.

次に,結婚問題の TU ゲームによる定式化では,一般的な条件の下,割当 $\mathbb{A}$ によってマッチ価値 Φ から決定される安定マッチング μ^* は一

---

[15]観察されるマッチングと利得の両方を用いて顕示選好分析を行う手法については Graham (2011) および Graham, et al. (2014) などがある.

意に決定されるので，モデルの複数予測による計量経済モデルの不完全性という困難な問題を考慮する必要はない[16]．しかしながら，一つのマッチ価値 Φ から一意の安定マッチングが予測されたとしても，一つの安定マッチングと整合的なマッチ価値が複数存在する可能性があることに注意が必要である．そのような例を以下に示す．

例 3.6　以前の例 3.1 ではマッチ価値 $\Phi^{\clubsuit}$ を持つ結婚問題には安定マッチング $\mu^{\clubsuit}$ が存在することを示した．しかし，

$$\Phi^{\spadesuit} = \begin{pmatrix} 6 & 3 & 2 \\ 5 & 7 & 4 \\ 0 & 2 & 1 \end{pmatrix}$$

というマッチ価値を持つ結婚問題も同じ安定マッチング $\mu^{\clubsuit}$ を持つことは容易に確認できる[17]．このような場合，一つの安定マッチング $\mu^{\clubsuit}$ は異なる二つのマッチ価値 $\Phi^{\clubsuit}$ と $\Phi^{\spadesuit}$ の像となり，割当 $\mathbb{A}$ は多対一になっている．そのような状況を図 3.9 に示している．このように割当 $\mathbb{A}$ の現像が多対一になる場合には，現実に観察されるマッチングと整合的なマッチ価値は複数存在し，顕示選好分析から観察されるマッチングと整合的なマッチ価値を一意に特定することは不可能となる．■

3.3.3　マッチ価値の識別条件

以下では，観察されるマッチングと整合的なマッチ価値を一意に特定化するために，TU ゲームに制約を置くことにしよう．特にその制約をゲームの**構造**と呼び，$\mathbb{S}$ で表記する．具体的な構造の例は次節で詳

---

[16]NTU ゲームの顕示選好分析において安定マッチングが複数存在することに起因する計量経済学的問題は第 2.4 節で詳細に説明した．

[17]すなわち，安定マッチング $\mu^{\clubsuit}$ は $\Phi^{\spadesuit}$ をマッチ価値とする最大化問題 (3.14) 式の解となっている．

図 3.9　多対一割当　　　図 3.10　識別されない割当

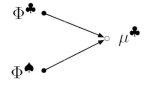
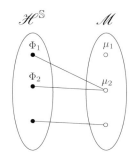

しく述べる．

いま，構造 $\mathbb{S}$ という制約を持つすべての可能なマッチ価値の集合を $\mathcal{H}^{\mathbb{S}}$ とする．このとき以下の条件が満たされればマッチ価値を観察されるマッチングから一意に特定化することができる．

(i) すべての $\mu \in \mathcal{M}$ についても $\mathbb{A}(\Phi) = \mu$ となるマッチ価値 $\Phi \in \mathcal{H}^{\mathbb{S}}$ が存在する．

(ii) 任意の異なるマッチ価値 $\Phi \neq \Phi' \in \mathcal{H}^{\mathbb{S}}$ について $\mathbb{A}(\Phi) \neq \mathbb{A}(\Phi')$ となっている．

結婚問題の TU ゲームで上記の条件 (i) と (ii) が満たされるときマッチ価値は**識別**されるという．(i) は割当 $\mathbb{A}$ が**上への写像**となることを示している．また (ii) は割当 $\mathbb{A}$ が**一対一写像**となることを示している．図 3.10 に割当が一対一でも上への写像でもない状況を示している．この場合には観察されたマッチング μ_1 は結婚問題の TU ゲームでは説明できない．また，観察されるマッチング μ_2 の現像であるマッチ価値は Φ_1 と Φ_2 で与えられ，この場合にもプレイヤーのマッチ価値を一意に特定することができない．

3.4 Choo-Siow の確率効用モデル

本節では結婚問題の TU ゲームにおいてマッチ価値を識別するために必要なゲームの構造を導入する．先行研究では，いくつかの計量経済モデルが考案されているが[18]，ここでは Choo and Siow (2006b) による確率効用モデルを紹介し，それがどのような構造をゲームに与えるのかについて詳細に説明する．また，それを用いて実施される顕示選好分析の統計的手法についても解説する．

3.4.1 確率効用

Choo and Siow (2006b) の定式化による確率効用モデルを以下では **CS 確率効用モデル**と呼ぶ．このモデルでは，男性の集合 M と女性の集合 W がいくつかの**タイプ**に分割されていると仮定される．男性のタイプ数を K，女性のタイプ数を L として，男女それぞれのタイプを k および l というインデックスで表す．タイプ $k = \{1, \ldots, K\}$ に属する男性の集合を M_k とすれば $\bigcup_{k=1}^{K} M_k = M$ であり，また異なるタイプ k と k' について $M_k \cap M_{k'} = \emptyset$ である．同様にタイプ $l = \{1, \ldots, L\}$ に属する女性の集合を W_l とすれば $\bigcup_{l=1}^{L} W_l = W$ かつ $l \neq l'$ について $W_l \cap W_{l'} = \emptyset$ となっている．さらにタイプ k の男性とタイプ l の女性の割合をそれぞれ C_k^m と C_l^w で表記する[19]．このとき定義より $\sum_{k=1}^{K} C_k^m = \sum_{l=1}^{L} C_l^w = 1$ となる．男女のタイプ分布を $C^m = (C_1^m, \ldots, C_K^m)$ および $C^w = (C_1^w, \ldots, C_L^w)$ とする．以下に男女のタイプの具体例を与える．

---

[18] 結婚問題の TU ゲームに導入される計量経済モデルは本章で紹介する Choo and Siow (2006b) が開発したモデルと，Fox (2010) が開発したモデルの二つに大別することができる．前者の拡張としては Chiappori, et al. (2011) や Galichon and Salanié (2012) が，後者の拡張としては Fox and Yang (2012) がある．Choo and Siow (2006b) のモデルと Fox (2010) のモデルの違いについては Graham (2011) に詳しい．

[19] 集合 M の要素数を $|M|$ で表せば $C_k^m = |M_k|/N$ である．同様に $C_l^w = |W_l|/N$ である．

表 3.1　学歴をタイプとする結婚問題の例

	低学歴（タイプ1）	高学歴（タイプ2）
男性	三郎	太郎・次郎
女性	桃子・梅子	花子

例 3.7　男女3人が参加する結婚問題を考える．太郎・次郎・三郎を男性のプレイヤー，花子・桃子・梅子を女性のプレイヤーとする．ここでのプレイヤーを学歴により分類することにしよう．高校卒業以下の学歴のプレイヤーを「低学歴」タイプ，大学卒業以上の学歴のプレイヤーを「高学歴」タイプとすれば，男女のタイプ数は $K=L=2$ となる[20]．さらに「低学歴」のタイプを1として，「高学歴」タイプのタイプを2とする．プレイヤーのタイプが表 3.1 のように与えられるならば，タイプごとの男性の集合は $M_1=\{$三郎$\}$, $M_2=\{$太郎, 次郎$\}$ であり，タイプごとの女性の集合は $W_1=\{$桃子, 梅子$\}$, $W_2=\{$花子$\}$ である．またこのときのタイプの分布は $(C_1^m, C_2^m)=(1/3, 2/3)$ と $(C_1^w, C_2^w)=(2/3, 1/3)$ となる．　∎

CS 確率効用モデルにしたがってタイプ k の男性 i がタイプ l の女性 j と結婚したことから得られる効用を以下のように定式化する．

$$U_{ij} = \bar{U}_{kl} + \varepsilon_{il} \tag{3.18}$$

ここで $\bar{U}_{kl}$ は男性と女性のタイプによって説明される確定的効用部分であり，ε_{il} は結婚問題に参加するすべてのプレイヤーは知っているが，

---

[20] タイプによる分類は一つの属性によるものでなく，複数の属性による分類であってもよい．たとえば，学歴以外の属性として年齢を考える．プレイヤーが 30 歳以下の場合を「低年齢」タイプ，30 歳以上の場合を「高年齢」タイプと区分すれば，結婚問題に参加する男女は 1. 低年齢・低学歴，2. 低年齢・高学歴，3. 高年齢・低学歴，4. 高年齢・高学歴の 4 タイプに分類される．この場合には $K=L=4$ となっている．

研究者は観察することができない確率効用部分である．同様にタイプ l の女性 j がタイプ k の男性 i と結婚したときに得られる効用は

$$V_{ij} = \bar{V}_{kl} + \eta_{kj} \tag{3.19}$$

で与えられる．ここで $\bar{V}_{kl}$ と η_{kj} はそれぞれ確定的効用および確率的効用である．

通常の McFadden (1974) による確率効用モデル同様，どのようなタイプのどのような男女についても効用効用項 ε_{il} と η_{kj} は $\mathrm{E}(\varepsilon_{il}) = \mathrm{E}(\eta_{kj}) = 0$ となると仮定する．さらにこれらは互いに無相関であると仮定され，$\mathrm{E}(\varepsilon_{il}\eta_{kj}) = 0$ とする．このとき確率効用の期待値をとれば，$\mathrm{E}(U_{ij}) = \bar{U}_{kl}$ および $\mathrm{E}(V_{ij}) = \bar{V}_{kl}$ であるので確定的効用 $\bar{U}_{kl}$ と $\bar{V}_{kl}$ はタイプ k の男性とタイプ l の女性が結婚したときに得られる平均的な効用であるとも解釈することができる．

さらに，確率効用モデルに共通する標準的な仮定として，男女の確率効用項は独立かつ同一の分布に従うと仮定する[21]．男女それぞれの確率効用項を ε および η で表すとすれば，F を既知の確率分布として $\varepsilon_{il} \stackrel{i.i.d.}{\sim} F(\varepsilon|\sigma)$ かつ $\eta_{kj} \stackrel{i.i.d.}{\sim} F(\eta|\sigma)$ とする．ここで σ は分布のパラメータである．さらに，分布 F の台は全実数 $\mathbb{R}$ と仮定する．

結婚後の男女間の別払いはタイプに依存すると仮定しよう．すなわち，タイプ k の男性 i からタイプ l の女性 j への別払いは $\tau_{ij} = \bar{\tau}_{kl}$ とする．このとき，タイプ k の男性 i がタイプ l の女性 j へ別払いを行った後に，彼女の結婚から得られる効用は

$$U_{ij} - \tau_{ij} = \bar{U}_{kl} - \bar{\tau}_{kl} + \varepsilon_{il} \tag{3.20}$$

となり，タイプ l の女性 j がタイプ k の男性 i からの別払いを受け取っ

---

[21] 男女が異なる確率効用分布を持つ場合の CS 効用モデルの拡張については Chiappori, et al. (2011) を参照のこと．

第 3 章 結婚問題の TU ゲーム

た後に,彼との結婚から得られる効用は

$$V_{ij} + \tau_{ij} = \bar{V}_{kl} + \bar{\tau}_{kl} + \eta_{kj} \tag{3.21}$$

となる.

結婚問題に参加する男女は同じタイプに属するどの結婚相手との結婚も無差別となっていることに注意しよう.たとえば男性 i は同じ l タイプの異なる二人の女性 $j \neq j'$ と結婚して得られる別払い後の効用は (3.20) 式から共に $\bar{U}_{kl} + \varepsilon_{il}$ となることがわかる.つまり男性 i は女性 j と j' の結婚は無差別となる.このことは女性についても同様であり,女性 j は同じ k タイプの異なる二人の男性 $i \neq i'$ との結婚は無差別である.したがって,タイプ k に属する男性 i とタイプ l に属する女性 j の利得最大化問題はそれぞれ

$$\max_{j \in W}(U_{ij} - \tau_{ij}) = \max_{l=1,\ldots,L}(\bar{U}_{kl} + \varepsilon_{il} - \bar{\tau}_{kl}) \tag{3.22}$$

$$\max_{i \in M}(V_{ij} + \tau_{ij}) = \max_{k=1,\ldots,K}(\bar{V}_{kl} + \eta_{kj} + \bar{\tau}_{kl}) \tag{3.23}$$

となる.したがって CS 確率効用モデルでは「誰」を選ぶかというより「どのタイプ」を選ぶかということが問題となる.

例 3.8 引き続き例 3.7 の結婚問題を考える.このとき「高学歴」の花子は「低学歴」の男性より「高学歴」の男性と結婚したほうが効用が高くなるとすれば,太郎・次郎との結婚を三郎との結婚より望む.しかし,花子は同じ高学歴である太郎と次郎は結婚相手として無差別である.ただし,同じ学歴の女性であっても結婚相手の好みが同じであるとは限らない.たとえば,「低学歴」の桃子は「高学歴」の太郎と結婚するより「低学歴」の三郎との結婚を望むのに対して,同じ「低学歴」の梅子が「低学歴」の三郎と結婚するより「高学歴」の太郎と結婚することを望んでいたとしても CS 確率効用モデルの定式化とは矛盾しない.これは同じ学歴である桃子と梅子の確定的効用 $\bar{V}$ が同じだ

としても，桃子と梅子は異なる確率的効用 η を持つ可能性があるためである． ∎

3.4.2 タイプ別マッチ価値

CS 確率効用モデルでは，結婚のマッチ価値 Φ は男女のタイプに依存している．確率効用を与える (3.18) 式と (3.19) 式から，タイプ k に属する男性 i とタイプ l に属する女性 j のマッチ価値は

$$\Phi_{ij} = \bar{\Phi}_{kl} + \varepsilon_{il} + \eta_{kj} \tag{3.24}$$

で与えられる．ただし $\bar{\Phi}_{kl} = \bar{U}_{kl} + \bar{V}_{kl}$ と定義している．ここで確率効用項は平均 0 と仮定しているので，マッチ価値の期待値は $\mathrm{E}(\Phi_{ij}) = \bar{\Phi}_{kl}$ となる．よって，$\bar{\Phi}_{kl}$ は，タイプ k の男性とタイプ l の女性が結婚したときに生み出される平均的な結婚の価値とも解釈できる．以下では $\bar{\Phi}_{kl}$ をタイプ k の男性とタイプ l の女性についてのタイプ別のマッチ価値と呼ぶ．すべての男女の間のタイプ別マッチ価値を簡潔に表現するために，$K \times L$ の行列を考え

$$\bar{\Phi} = \{\bar{\Phi}_{kl} | k = 1, \ldots, K; l = 1, \ldots, L\}$$

とする．

一般に男性のタイプ $k' > k$ と女性のタイプ $l' > l$ についてタイプ別マッチ価値が

$$\bar{\Phi}_{k'l'} + \bar{\Phi}_{kl} \geq \bar{\Phi}_{k'l} + \bar{\Phi}_{kl'}$$

という性質を満たすとき，そのマッチ価値はタイプについて優モジュラーであるという[22]．マッチ価値の優モジュラー性は，結婚価値にお

---

[22] 優モジュラーは super modular の訳である．一方，男性のタイプ $k' > k$ と女性のタイプ $l' > l$ について $\bar{\Phi}_{k'l'} + \bar{\Phi}_{kl} \leq \bar{\Phi}_{k'l} + \bar{\Phi}_{kl'}$ となるときには，結婚問題の TU ゲームはタイプについては劣モジュラー (sub modular) であるという．これは結婚における価値生産におけるタイプの代替性を表しているとも解釈される．

表 3.2 学歴をタイプとする結婚問題の例: マッチ価値

	女性 低学歴 ($l=1$)	女性 高学歴 ($l=2$)
男性 低学歴 ($k=1$)	$\bar{\Phi}_{11}$	$\bar{\Phi}_{12}$
男性 高学歴 ($k=2$)	$\bar{\Phi}_{21}$	$\bar{\Phi}_{22}$

けるタイプ間の補完性を表しているとも解釈される.結婚問題の TU ゲームのマッチ価値が優モジュラーであることは実証分析の前提ではない.しかし,いくつかの先行研究では,結婚問題のマッチ価値が優モジュラー性を持っているか否かを検討し,結婚によって生み出される価値が男女の属性について補完的かどうかということについて実証研究が行われている[23].

例 3.9 例 3.7 で結婚問題についてのタイプ別マッチ価値の行列を表 3.2 に記している.この例では男性と女性のタイプを「高学歴」および「低学歴」の 2 タイプに分類しているので行列は 2×2 である.この場合,マッチ価値が優モジュラーとなるのは $\bar{\Phi}_{22} + \bar{\Phi}_{11} \geq \bar{\Phi}_{21} + \bar{\Phi}_{12}$ という場合である.この不等式を書き直せば,$\bar{\Phi}_{22} - \bar{\Phi}_{21} \geq \bar{\Phi}_{12} - \bar{\Phi}_{11}$ となる.これは学歴が k の男性が結婚することで生み出されるマッチ価値は学歴の高い女性と結婚する場合 Φ_{k2} と学歴の低い女性と結婚する場合 Φ_{k1} で異なるが,平均的にいえば,その価値の差 $\Phi_{k2} - \Phi_{k1}$ は男性の学歴が高いほど大きくなることを意味している.よって,もし,マッチ価値が学歴タイプについて優モジュラーであれば,学歴の高い男性ほど,

---

[23] マッチ価値の優モジュラー性を検証した顕示選好分析として Siow (2012) や Chiappori, et al. (2011) がある.

高学歴の女性と結婚したほうが低学歴の女性と結婚するよりマッチ価値が高くなる傾向にあるといえる．女性が結婚するときに生み出される価値についても同様の解釈が得られる． ■

3.4.3 ゲームの構造と構造パラメータ

前節では TU ゲームの構造をマッチ価値に与えられる制約として定義した．では，CS 確率効用モデルはゲームのマッチ価値にはどのような制約を与えているだろうか？

その制約は (3.24) 式にみることができる．この式から男女の結婚で生み出されるマッチ価値が観察されるタイプで説明可能な平均的な確定的部分 $\bar{\Phi}_{kl}$ と研究者が観察することができない確率的部分 $\varepsilon_{il} + \eta_{kj}$ に加法的に分解されることが見て取れる．このことを考慮すれば，CS 確率効用モデルで定式化される TU ゲームの構造 $\mathbb{S}$ はタイプ別マッチ価値 $\bar{\Phi}$ と確率確率効用項の分布 $F(\epsilon|\sigma)$ で与えられるといえる．特に，$\bar{\Phi}$ と σ は構造 $\mathbb{S}$ を特徴づけるパラメータであり，これを**構造パラメータ**と呼ぶことにする．構造パラメータをまとめて $\theta = (\text{vec}(\bar{\Phi}), \sigma)'$ という $(KL+1)$ 次元のベクトルで表記する[24]．マッチ価値の構造 $\mathbb{S}$ とパラメータ θ の依存関係を明示的にして

$$\mathbb{S}(\theta) = \{\bar{\Phi}, F(\epsilon|\sigma)\}$$

と書く．構造が $\mathbb{S}(\theta)$ のときの TU ゲームのマッチ価値を $\Phi^{\mathbb{S}(\theta)}$ と表記する．

3.4.4 構造パラメータの識別条件

CS 確率効用モデルにより結婚問題の TU ゲームの構造が $\mathbb{S}(\theta)$ で与えられる場合の顕示選好分析とは，前節の (3.17) 式に従えば，現実に観

---

[24] ある行列 X について $\text{vec}(X)$ は行列 X を列ベクトルに変換する演算子である．

察されるマッチング $\mu^o \in \mathcal{M}$ が安定的であると仮定し，写像の逆問題

$$\Phi^{\mathbb{S}(\theta^o)} = \mathbb{A}^{-1}(\mu^o)$$

を満たす構造パラメータ $\theta^o = (\text{vec}(\bar{\Phi}^o), \sigma^o)'$ を発見することである．

構造パラメータ θ のすべての可能な値の集合を Θ とする．第 3.3.3 節で示した識別のための条件を適用すれば，構造パラメータ $\theta = (\text{vec}(\bar{\Phi}), \sigma)'$ が識別されるためには以下の (i) **上への写像**という条件と (ii) **一対一写像**という条件を満たす必要がある．

(i) すべての $\mu \in \mathcal{M}$ についても $\mathbb{A}(\Phi^{\mathbb{S}(\theta)}) = \mu$ となる構造パラメータ $\theta \in \Theta$ が存在する．

(ii) 任意の異なる構造パラメータ $\theta \neq \theta' \in \Theta$ について $\mathbb{A}(\Phi^{\mathbb{S}(\theta)}) \neq \mathbb{A}(\Phi^{\mathbb{S}(\theta')})$ となっている．

ただし，CS 確率効用モデルにおいて (i) の条件は満たされていることは明らかである．確率効用項の分布 $F(\epsilon|\sigma)$ の台が全実数 $\mathbb{R}$ であると仮定したので，男性の利得最大化問題 (3.22) 式において，男性 i は $l = 1$ から $l = L$ までの全タイプの女性を最適な結婚相手に選ぶ可能性がある．さらに，同じタイプ内ではすべての結婚相手は無差別であるので，男性 i によりどのような女性が結婚相手として選ばれてもおかしくはない．同様な理由により，女性の利得最大化問題 (3.23) 式において，どの男性も女性 j によって選ばれる可能性を持っている．これらを言い換えれば，どのような男性と女性のペア (i, j) をとっても，お互いが結婚する確率は 0 ではない．したがって，任意のマッチング $\mu \in \mathcal{M}$ はある構造 $\mathbb{S}(\theta)$ をもつ TU ゲームの安定マッチング $\mathbb{A}(\Phi^{\mathbb{S}(\theta)})$ として常に実現できる可能性を意味していることがわかる．

一方，(ii) の条件を満たすためには結婚問題の TU ゲームの構造 $\mathbb{S}(\theta)$ に追加的な制約を置く必要がある．Choo and Siow (2006b) は結婚問題の TU ゲームにおける安定結果で成立する**需給均衡条件**に注目することで条件 (ii) が成立するための TU ゲームの構造 $\mathbb{S}(\theta)$ を明らかにした．

3.4.5 需給均衡条件：安定マッチング

第 3.2 節で紹介した TU ゲームの理論では，結婚問題において，適切な別払い額を設定すれば安定結果はプレイヤーの利得最大化行動の結果としてもたらされることを示した．言い換えれば，ある男性がある女性を最適な結婚相手として選ぶならば，その男性は相手の女性からも最適な結婚相手として選ばれている．さらに，マッチング理論の帰結の一つとして，結婚問題における安定結果では，男性から女性への需要と女性から男性への供給が均衡していると解釈できることも示した．この需給均衡条件を CS 確率効用モデルに対して具体的に求めてみよう．

まず，タイプ k の男性からタイプ l の女性への需要は以下のように求める．タイプ k の男性がタイプ l の女性を結婚相手として選ぶ確率を

$$p_{kl}^m(\theta) = \text{Prob}(\bar{U}_{kl} + \varepsilon_{il} - \bar{\tau}_{kl} \geq \bar{U}_{kl'} + \varepsilon_{il'} - \tau_{kl'} \; \forall l')$$

とする．この選択確率は構造パラメータ θ に依存するので，その依存関係を明示して $p_{kl}^m(\theta)$ と表記している．男女それぞれ N 人が参加する結婚問題ではタイプ k の男性は $C_k^m N$ 人存在するので，タイプ k の男性が求婚するタイプ l の女性数の期待値，すなわち，タイプ k の男性からタイプ l の女性への需要は

$$p_{kl}^m(\theta) C_k^m N \tag{3.25}$$

で与えられる．

一方，タイプ l の女性からタイプ k への供給を求めるために，タイプ l の女性がタイプ k の男性を結婚相手として選ぶ確率を

$$p_{kl}^w(\theta) = \text{Prob}(\bar{V}_{kl} + \eta_{kj} - \bar{\tau}_{kl} \geq \bar{V}_{k'j} + \varepsilon_{k'j} - \tau_{k'l} \; \forall k')$$

とすれば，タイプ k の男性を求婚するタイプ l の女性数の期待値，す

なわち，タイプ l の女性からタイプ k の男性への供給は

$$p_{kl}^w(\theta) C_l^w N \tag{3.26}$$

で与えられる．

結婚結果が安定的ならば，(3.25) 式で与えられるタイプ k の男性からタイプ l の女性への需要と (3.26) 式で与えられるタイプ l の女性からタイプ k の男性への供給は等しい．さらに，構造を $\mathbb{S}(\theta)$ とする結婚問題の TU ゲームの安定マッチングを $\mu^{\mathbb{S}(\theta)}$ と表記すれば，これらの需給は安定マッチング $\mu^{\mathbb{S}(\theta)}$ で成立しているタイプ k の男性とタイプ l の女性のマッチ数の期待値

$$\mathrm{E}\left(\sum_{i \in M_k} \sum_{j \in W_l} \mu_{ij}^{\mathbb{S}(\theta)}\right) \tag{3.27}$$

とも等しくなる．したがって，結婚問題の安定結果において成立する均衡では (3.26) 式，(3.26) 式，(3.27) 式がすべて等しくなる．その需給均衡条件は，以下の式で与えられる．

$$p_{kl}^m(\theta) C_k^m N = \bar{\mu}_{kl}^{\mathbb{S}(\theta)} \tag{3.28}$$
$$p_{kl}^w(\theta) C_l^w N = \bar{\mu}_{kl}^{\mathbb{S}(\theta)} \tag{3.29}$$

ただし，タイプ k の男性とタイプ l の女性のマッチ数の期待値として

$$\bar{\mu}_{kl}^{\mathbb{S}(\theta)} = \mathrm{E}\left(\sum_{i \in M_k} \sum_{j \in W_l} \mu_{ij}^{\mathbb{S}(\theta)}\right)$$

と定義している．

例 3.10 ここでは 100 人の男女が参加する結婚問題を例として考える．ただし，これまでの例 3.7 と同様，結婚問題同様に男女を学歴で分類し，タイプ 1 と低学歴，タイプ 2 を高学歴とする．いま男性の学歴の

分布を $(C_1^m, C_2^m) = (\frac{3}{10}, \frac{7}{10})$,女性の学歴分布を $(C_1^w, C_2^w) = (\frac{4}{10}, \frac{6}{10})$ とする.このときの高学歴(タイプ2)の男性の高学歴(タイプ2)の女性に対する需要の期待値は

$$p_{22}^m(\theta) \times \frac{7}{10} \times 100$$

であり,高学歴(タイプ2)の男性への高学歴(タイプ2)の女性からの供給の期待値は

$$p_{22}^w(\theta) \times \frac{6}{10} \times 100$$

となる.もし,結婚結果が安定的な状態にあるとすれば,これらの男性と女性の需給の期待値は安定マッチングにおける高学歴の男性と高学歴の女性のマッチ数の期待値 $\mu_{22}^{\mathbb{S}(\theta)}$ に等しくなる.このことは他の学歴タイプ間でも成立する.■

以上より CS 確率効用モデルにより構造 $\mathbb{S}(\theta)$ を与えられた結婚問題の TU ゲームにおける需給均衡条件は (3.28) 式と (3.29) 式で与えられることが明らかになった.これらの条件はすべての男性のタイプ k と女性のタイプ l について成立するので,KL 本の等式で与えられている.ただし,男女それぞれのタイプ分布 C^m および C^w とマッチ比率の期待値 $\bar{\mu}_{kl}^{\mathbb{S}(\theta)}$ の間には以下の関係があることに注意する.

$$C_k^m N = \sum_{l=1}^{L} \bar{\mu}_{kl}^{\mathbb{S}(\theta)}, \quad k = 1, \ldots, K \tag{3.30}$$

$$C_l^w N = \sum_{k=1}^{K} \bar{\mu}_{kl}^{\mathbb{S}(\theta)}, \quad l = 1, \ldots, L \tag{3.31}$$

これらの条件は同時確率と周辺確率の間に成立する関係にほかならな

第3章 結婚問題のTUゲーム　　　　　　　　　　　　　　　71

表3.3　結婚問題のタイプ別分割表

| | 女性 | | | | |
	タイプ1	...	タイプl	...	タイプL	合計
男性						
タイプ1	$\bar{\mu}_{11}^{\mathbb{S}(\theta)}$	...	$\bar{\mu}_{1l}^{\mathbb{S}(\theta)}$	...	$\bar{\mu}_{1L}^{\mathbb{S}(\theta)}$	$C_1^m N$
$\vdots$						$\vdots$
タイプk	$\bar{\mu}_{k1}^{\mathbb{S}(\theta)}$	...	$\bar{\mu}_{kl}^{\mathbb{S}(\theta)}$	...	$\bar{\mu}_{kL}^{\mathbb{S}(\theta)}$	$C_k^m N$
$\vdots$						$\vdots$
タイプK	$\bar{\mu}_{K1}^{\mathbb{S}(\theta)}$	...	$\bar{\mu}_{Kl}^{\mathbb{S}(\theta)}$	...	$\bar{\mu}_{KL}^{\mathbb{S}(\theta)}$	$C_K^m N$
合計	$C_1^w N$	...	$C_l^w N$	...	$C_L^w N$	N

い．この関係を$K \times L$ **分割表**で示したものが表3.3である[25]．右端の行は行周辺合計を表し，(3.30)式の関係を表す．また下端の行は列周辺合計であり(3.31)式の関係を表している．右下端は総計であり，

$$\sum_{k=1}^{K} C_k^m N = \sum_{l=1}^{L} C_l^w N = \sum_{k=1}^{K}\sum_{l=1}^{L} \bar{\mu}_{kl}^{\mathbb{S}(\theta)} = N$$

という関係を表している．

3.4.6　需給均衡条件：観察されるマッチング

顕示選好分析には需給均衡条件式の**標本アナログ**を利用する．(3.28)式および(3.29)式の右辺にある期待値$\bar{\mu}_{kl}^{\mathbb{S}(\theta_0)}$の最尤推定量は，その標本平均である．したがって結婚問題に参加するプレイヤー数Nが十分

---

[25] 分割表はcont ngency tableの訳語である．

大きい場合には[26]，(3.28) 式と (3.29) 式という均衡条件式は以下で近似することが可能である．

$$p_{kl}^m(\theta^o) C_k^{mo} N = \bar{\mu}_{kl}^o \qquad (3.32)$$

$$p_{kl}^w(\theta^o) C_l^{wo} N = \bar{\mu}_{kl}^o \qquad (3.33)$$

ここで $\bar{\mu}_{kl}^o$ は $\bar{\mu}_{kl}^{\mathfrak{S}(\theta)}$ の標本平均であり，具体的にはマッチング μ^o におけるタイプ k の男性とタイプ l の女性の間のマッチ数として

$$\bar{\mu}_{kl}^o = \sum_{i \in M_k} \sum_{j \in W_l} \mu_{ij}^o \qquad (3.34)$$

で与えられる．また，C_k^{mo} と C_l^{wo} を観察されるマッチングにおける k タイプの男性と l タイプの女性の比率とすれば，

$$C_k^{mo} N = \sum_{l=1}^{L} \bar{\mu}_{kl}^o, \quad k = 1, \ldots, K \qquad (3.35)$$

$$C_l^{wo} N = \sum_{k=1}^{K} \bar{\mu}_{kl}^o, \quad l = 1, \ldots, L \qquad (3.36)$$

が成立している．したがって観察されるマッチングが μ^o であるとき，男性のタイプの分布は $C^{mo} = (C_1^{mo}, \ldots, C_K^{mo})$，女性の分布は $C^{wo} = (C_1^{wo}, \ldots, C_L^{wo})$ となる．

表 3.6 に結婚問題の TU ゲームにおける割当と均衡条件の対応関係を示している．表の第一列は割当写像を示し，第二列に需給均衡条件式を示している．また理論的な関係式は表の上段に与えている．表左

---

[26]この条件はしばしば，Large Market 条件とよばれる．その詳細についてはたとえば Graham (2011) および Galichon and Salanié (2012) を参照せよ．この条件により CS 確率効用モデルによる顕示選好分析が妥当なのは，参加プレイヤーが十分大きい場合に限る．一方，Fox (2010) のモデルは Large Market 条件を前提としないので結婚問題の参加者が少人数の場合の顕示選好分析にも適用可能である．この適用条件の相違については，Galichon and Salanié (2012) や Fox and Yang (2012) を参照のこと．

第 3 章 結婚問題の TU ゲーム

表 3.4 結婚問題の TU ゲームにおける写像と均衡条件

	割当写像	需給均衡条件式
理論 （期待値）	$\mathbb{A}(\Phi^{\mathsf{S}(\theta)}) = \mu^{\mathsf{S}(\theta)}$	$p_{kl}^m(\theta) C_k^m N = \bar{\mu}_{kl}^{\mathsf{S}(\theta)}$ $p_{kl}^w(\theta) C_l^w N = \bar{\mu}_{kl}^{\mathsf{S}(\theta)}$
観察 （標本）	$\mathbb{A}(\Phi^{\mathsf{S}(\theta^o)}) = \mu^o$	$p_{kl}^m(\theta^o) C_k^{mo} N = \bar{\mu}_{kl}^o$ $p_{kl}^w(\theta^o) C_l^{wo} N = \bar{\mu}_{kl}^o$

上セル内の式はマッチ価値 $\Phi^{\mathsf{S}(\theta)}$ から安定マッチング $\mu^{\mathsf{S}(\theta)}$ への写像を示し，表右上セル内に期待値として成立する需給均衡条件 (3.28) 式と (3.29) 式を示している．一方，標本として実際に観察される関係式は表の下段に与えている．観察されるマッチング μ^o を像とする写像は表左下セル内に示されており，この写像に対応する標本アナログに基づく需給均衡条件 (3.35) 式と (3.36) 式は表右下セル内に与えられている．

ここで構造パラメータ θ^o は表右下セル内に与えられた均衡条件式による**連立方程式の解**となっている．この観点からいえば，前節で示した構造パラメータが識別されるための一対一写像という条件 (i) は，(3.32) 式と (3.33) 式で与えられる連立方程式の**解が一意**となるための条件と解釈することができる．

例 3.11 引き続き例 3.10 で与えた結婚問題を考える．いま観察されたマッチングが表 3.5 という分割表で与えられているとしよう．このときに観察される男女のタイプ別の分布はそれぞれ $(C_1^{mo}, C_2^{mo}) = (\frac{3}{10}, \frac{7}{10})$ と $(C_1^{wo}, C_2^{wo}) = (\frac{4}{10}, \frac{6}{10})$ である．このとき構造パラメータ θ^o は以下の連立方程式の斛となっている．

$$p_{11}^m(\theta^o) \times 30 = p_{11}^w(\theta^o) \times 40 = 20$$

表 3.5　観察される学歴間マッチ数

	女性 低学歴 ($l=1$)	女性 高学歴 ($l=2$)
男性		
低学歴 ($k=1$)	$\bar{\mu}^o_{11}=20$	$\bar{\mu}^o_{12}=10$
高学歴 ($k=2$)	$\bar{\mu}^o_{21}=20$	$\bar{\mu}^o_{22}=50$

$$p^m_{12}(\theta^o) \times 20 = p^w_{12}(\theta^o) \times 60 = 10$$
$$p^m_{21}(\theta^o) \times 70 = p^w_{21}(\theta^o) \times 40 = 20$$
$$p^m_{22}(\theta^o) \times 70 = p^w_{22}(\theta^o) \times 60 = 50$$

この連立方程式が一意の解を持てば構造パラメータ θ^o は識別される. ∎

3.4.7　タイプ別マッチ価値識別のための十分条件

Choo and Siow (2006b) は (3.32) 式と (3.33) 式で与えられる連立方程式に基づき，結婚問題の TU ゲームのタイプ別マッチ価値が識別されるための十分条件を示した.

命題 3.12　結婚問題の TU ゲームにおいて CS 確率効用モデルを仮定し，ゲームの構造を $\mathbb{S}(\theta)$ とする．また観察される結婚問題のタイプ別マッチ数の分布が表 3.6 で与えられているとする．このとき構造 $\mathbb{S}(\theta)$ の構成要素について以下を仮定する.

1. タイプ 1 の男女との結婚から得られる効用とタイプ 1 の男女への別払いを 0 に基準化する．すなわち，男女のどのタイプ k と

表 3.6 マッチ数のタイプ別分布

	女性				
	タイプ 1	...	タイプ l	...	タイプ L
男性					
タイプ 1	$\bar{\mu}_{11}$	...	$\bar{\mu}_{1l}$	...	$\bar{\mu}_{1L}$
$\vdots$					
タイプ k	$\bar{\mu}_{k1}$	...	$\bar{\mu}_{kl}$	...	$\bar{\mu}_{kL}$
$\vdots$					
タイプ K	$\bar{\mu}_{K1}$	...	$\bar{\mu}_{Kl}$	...	$\bar{\mu}_{KL}$

l についても

$$\bar{U}_{k1}=0,\ \bar{\tau}_{k1}=0,\ \bar{V}_{l1}=0,\ \bar{\tau}_{1l}=0$$

と仮定する.

2. 確率効用項の分布はパラメータ σ のタイプ I 極値分布と仮定する. すなわち,

$$F(\varepsilon|\sigma) = \exp\left\{-\exp\left(-\frac{\varepsilon}{\sigma}\right)\right\}$$
$$F(\eta|\sigma) = \exp\left\{-\exp\left(-\frac{\eta}{\sigma}\right)\right\}$$

と仮定する.

このとき基準化されたタイプ 1 の男女間のマッチ価値 $\bar{\Phi}_{11}$ 以外の $(KL-1)$ 個のタイプ別マッチ価値 $\bar{\Phi}_{kl}$ は定数倍の不定性を除いて識別される.

命題 3.12 を詳細にみていこう. 仮定 1 は通常の離散選択問題における確率効用の基準化と同様のものである. 結婚問題の TU ゲームでは男女の結婚相手の選択は (3.22) 式および (3.23) 式で与えられる利得最大化問題で決定される. このときタイプ k の男性のタイプ l の女性と

結婚するときに得る効用が $\bar{U}_{kl}$ から $\bar{U}_{kl} - d_k$ に変更されたとしてもタイプ k の男性の別払い後の女性の選好に変化はない．またタイプ k の男性がタイプ l への女性に支払う別払い $\bar{\tau}_{kl}$ が $\bar{\tau}_{kl} - d_k$ に変更されたとしても，別払い後における結婚相手の女性についての選好順序は不変である．つまり，このような効用および別払い額の増減は男性 k の男性の効用を最大化する女性のタイプを変えない．よって，一般性を失うことなく，タイプ k の男性がタイプ 1 の女性と結婚することから得られる効用とタイプ 1 の女性に支払う別払い額を基準化して $\bar{U}_{k1} = 0$ および $\bar{\tau}_{k1} = 0$ としている．同様にタイプ l の女性についてもタイプ 1 の男性と結婚することで得られる効用とタイプ 1 の男性から支払われる別払い額を基準化し，$\bar{V}_{1l} = 0$ および $\bar{\tau}_{1l} = 0$ としている[27]．

仮定 2 の下では確率効用モデルによる結婚相手の意思決定は**多項ロジットモデル**で表すことができる[28]．このとき，タイプ k の男性がタイプ $l \neq 1$ の女性を結婚相手として選ぶ確率は

$$p_{kl}^m(\theta) = \frac{\exp\left\{\left(\bar{U}_{kl} - \bar{\tau}_{kl}\right)/\sigma\right\}}{1 + \sum_{l=2}^{L} \exp\left\{\left(\bar{U}_{kl} - \bar{\tau}_{kl}\right)/\sigma\right\}} \tag{3.37}$$

となる．また，タイプ k の男性がタイプ 1 の女性を結婚相手として選ぶ確率は，それぞれ

$$p_{k1}^m(\theta) = \frac{1}{1 + \sum_{l=2}^{L} \exp\left\{\left(\bar{U}_{kl} - \bar{\tau}_{kl}\right)/\sigma\right\}} \tag{3.38}$$

となる．同様に，タイプ l の女性がタイプ $k \neq 1$ の男性を結婚相手として選ぶ確率とタイプ l の女性がタイプ 1 の男性を結婚相手として選ぶ

---

[27] 効用と別払いの基準化をタイプ $k = 1$ や $l = 1$ 以外のタイプにしても，命題 3.12 と同様な結果が得られる．

[28] Galichon and Salanié (2012) は CS 確率効用モデルの確率効用項の分布をタイプ I 極値分布に限らない一般的な分布として，マッチ価値を識別するための十分条件を示している．

確率は，それぞれ

$$p_{kl}^w(\theta) = \frac{\exp\{(\bar{V}_{kl} + \bar{\tau}_{kl})/\sigma\}}{1 + \sum_{k=2}^{L} \exp\{(\bar{V}_{kl} + \bar{\tau}_{kl})/\sigma\}} \tag{3.39}$$

$$p_{k1}^m(\theta) = \frac{1}{1 + \sum_{k=2}^{K} \exp\{(\bar{V}_{kl} + \bar{\tau}_{kl})/\sigma\}} \tag{3.40}$$

となる．

これらの確率を需給均衡条件の標本アナログである (3.32) 式と (3.33) 式に代入することで，この連立方程式の解 θ^o が一意となることは容易に示すことができる．まず，男性の結婚相手選択確率 (3.37) 式と (3.38) 式を (3.32) 式に代入してタイプ間で比をとれば

$$\frac{p_{kl}^m(\theta^o)}{p_{k1}^m(\theta^o)} \frac{C_k^{mo}}{C_k^{mo}} = \exp\{(\bar{U}_{kl}^o - \bar{\tau}_{kl})/\sigma^o\} = \frac{\bar{\mu}_{kl}^o}{\bar{\mu}_{k1}^o}$$

ここで $\bar{U}_{kl}^o$ と σ^o は観察されるマッチング μ^o と整合的な男性の効用および確率効用項の分布パラメータであり，具体的には $\theta^o = (\text{vec}(\bar{\Phi}^o), \sigma^o)'$ かつ，$\bar{\Phi}_{kl}^o = \bar{U}_{kl}^o + \bar{V}_{kl}^o$ とする．上記の式の両辺対数をとることで以下の式を得る

$$\frac{\bar{U}_{kl}^o - \bar{\tau}_{kl}}{\sigma^o} = \log\left(\frac{\bar{\mu}_{kl}^o}{\bar{\mu}_{k1}^o}\right) \tag{3.41}$$

ただし $l \neq 1$ である．同様に，女性の結婚相手選択確率 (3.39) 式と (3.40) 式を均衡条件式に代入した後，タイプ間の比の対数をとれば

$$\frac{\bar{V}_{kl}^o + \bar{\tau}_{kl}}{\sigma^o} = \log\left(\frac{\bar{\mu}_{kl}^o}{\bar{\mu}_{1l}^o}\right) \tag{3.42}$$

を得る．ただし $k \neq 1$ である．ここで (3.41) 式と (3.42) 式を足し合わ

せれば

$$\frac{\bar{\Phi}^o_{kl}}{\sigma} = \frac{\bar{U}^o_{kl} + \bar{V}^o_{kl}}{\sigma^o} = \log\left\{\frac{(\bar{\mu}^o_{kl})^2}{\bar{\mu}^o_{k1}\bar{\mu}^o_{1l}}\right\} \qquad (3.43)$$

という等式を得る．この式の右辺は表 3.6 で与えられるタイプ別マッチ数分布から計算されるので，左辺の $\bar{\Phi}^o_{kl}/\sigma^o$ は一意に決定される．ゆえに，男性のタイプ $k=1$ と女性のタイプ $l=1$ 以外のマッチ価値 $\bar{\Phi}^o_{kl}$ は σ^o の定数倍の不定性を除いて識別されることが示された．

なお (3.43) 式において $\sigma^o = 1$ とすれば，タイプ別マッチ価値は基準化されたタイプ 1 の男女を除き観察される男性と女性のマッチ割合から一意に識別されることがわかる．さらに (3.43) 式の右辺はそのタイプ別マッチ価値の一致推定量となっている．その結果は以下のようにまとめられる．

系 3.13 構造を $\mathbb{S}(\theta)$ とする結婚問題の TU ゲームで，命題 3.12 で示した前提条件が満たされていると仮定し，さらに確率効用項の極値分布のパラメータ $\sigma = 1$ とおく[29]．このとき観察されるマッチングを μ^o として，タイプ k の男性とタイプ l の女性のマッチ数を $\bar{\mu}^o_{kl}$ とすれば，そのタイプ別マッチ価値（ただし Φ_{11} は除く）の一致推定量は

$$\widehat{\Phi}_{kl} = \log\left\{\frac{(\bar{\mu}^o_{kl})^2}{\bar{\mu}^o_{k1}\bar{\mu}^o_{1l}}\right\} \qquad (3.44)$$

で与えられる．

例 3.14 引き続き例 3.10 で与えた結婚問題を考える．観察されるマッチングは例 3.11 で示した表 3.5 の分割表で与えられているとする．命題 3.12 で示した仮定を置き，さらに，確率効用項で仮定したタイプ I

---

[29]この場合のタイプ I の極値分布の平均は 0 分散は $\pi^2/6$ となる

第3章 結婚問題の TU ゲーム

の極値分布のパラメータを $\sigma = 1$ と基準化するならば，学歴間マッチ価値の一致推定量は以下で与えられる．

$$\hat{\bar{\Phi}}_{22} = \bar{U}_{22} + \bar{V}_{22} = \log(25/2)$$
$$\hat{\bar{\Phi}}_{21} = \bar{V}_{21} = \log(4/2)$$
$$\hat{\bar{\Phi}}_{12} = \bar{U}_{12} = \log(1/2)$$

さらに $\hat{\bar{\Phi}}_{11} = 0$ と基準化されるので，$\hat{\bar{\Phi}}_{22} + \hat{\bar{\Phi}}_{11} = \log(25/2)$ と計算される．一方，$\hat{\bar{\Phi}}_{21} + \hat{\bar{\Phi}}_{12} = \log(2) + \log(1/2) = 0$ であるので，表 3.5 で与えられる結婚マッチングをもたらしたプレイヤーのマッチ価値はタイプについて優モジュラー ($\hat{\bar{\Phi}}_{22} + \hat{\bar{\Phi}}_{11} > \hat{\bar{\Phi}}_{21} + \hat{\bar{\Phi}}_{12}$) であることも明らかになった． ∎

3.5 結婚–独身問題への拡張

結婚問題でプレイヤーは必ず誰かと結婚することが想定されていた．本節ではこれまでに紹介してきた結婚問題の TU ゲームの自然な拡張として，プレイヤーに誰とも結婚しないという選択肢を許す**結婚–独身問題**の TU ゲームを考えてみる[30]．

3.5.1 確率効用

婚活に男性と女性の数をそれぞれ N 人とする．また，男性のタイプ数を K，女性のタイプ数を L とする．これらのプレイヤーが結婚をすることで得られる確率効用は前節までの結婚問題で与えたものと同様とする．すなわち，男女の結婚の効用は結婚相手のタイプにのみ依存

---

[30] ここで「結婚–独身問題」という用語はこれまで分析してきた「結婚問題」と区別するために作られた本書独自のものである．実際，Choo and Siow (2006b) で分析される「結婚問題」においては男女は結婚するという選択肢と結婚しないという選択肢の両方が与えられている．

しすると仮定し，タイプ k の男性 i とタイプ l の女性 j が結婚した場合のそれぞれの効用を (3.18) 式と (3.19) 式で定式化する．また，結婚後に男女間で発生する別払いも男女のタイプにのみで決定されると仮定し，別払い後の効用を男女それぞれについて (3.20) 式と (3.21) 式で与える．一方，タイプ k の男性 i とタイプ l の女性 j が独身を選んだときに得られるそれぞれの効用を以下で与える．

$$U_{i0} = \bar{U}_{k0} + \varepsilon_{i0}$$
$$V_{0j} = \bar{V}_{0l} + \eta_{0j}$$

ここで $\bar{U}_{k0}$ と $\bar{V}_{0l}$ はタイプ k の男性とタイプ l の女性が独身を選んだときの平均的効用であり，確率効用項についてはどのタイプのどの男女であっても $\mathrm{E}(\varepsilon_{i0}) = \mathrm{E}(\eta_{0j}) = 0$ と仮定する．

結婚–独身問題でも各プレイヤーは効用を最大にする選択肢を選ぶとすればタイプ k の男性 i が独身を選択するのは

$$\max_{l=1,\ldots,L} \{\bar{U}_{kl} - \bar{\tau}_{kl} + \varepsilon_{il}\} < \bar{U}_{k0} + \varepsilon_{i0}$$

が成立するときである．また

$$\max_{l=1,\ldots,L} \{\bar{U}_{kl} - \bar{\tau}_{kl} + \varepsilon_{il}\} \geq \bar{U}_{k0} + \varepsilon_{i0}$$

のときには，最も高い効用をもたらすタイプの女性と結婚する．タイプ l の女性 j の結婚および独身の選択行動についても同様である．したがって，結婚-独身問題におけるプレイヤーの利得最大化問題はタイプ k の男性 i とタイプ l の女性 j のそれぞれについて

$$u_i = \max\left\{\max_{l=1,\ldots,L} \{\bar{U}_{kl} - \bar{\tau}_{kl} + \varepsilon_{il}\}, \bar{U}_{k0} + \varepsilon_{i0}\right\} \qquad (3.45)$$

$$v_j = \max\left\{\max_{k=1,\ldots,K} \{\bar{V}_{kl} + \bar{\tau}_{kl} + \eta_{kj}\}, \bar{V}_{0l} + \eta_{0j}\right\} \qquad (3.46)$$

で与えられる．ここで u_k と v_l はそれぞれ男性 i と女性 j の利得である．

タイプ k の男性とタイプ l の女性が結婚したときに発生するマッチ価値をこれまで同様に $\bar{\Phi}_{kl} = \bar{U}_{kl} + \bar{V}_{kl}$ と定義し，すべてのタイプ別マッチ価値を $K \times L$ の行列でまとめて $\bar{\Phi} = \{\bar{\Phi}_{kl} | k = 1, \ldots, K; l = 1, \ldots, L\}$ と表記する．また，男女の確率効用項は独立かつ同一の分布に従うと仮定する．いま $F(\epsilon|\sigma)$ を確率変数 ϵ についての既知の確率分布として $\varepsilon_{il} \overset{i.i.d.}{\sim} F(\varepsilon|\sigma)$ かつ $\eta_{kj} \overset{i.i.d.}{\sim} F(\eta|\sigma)$ とする．この結婚–独身問題における構造は $\mathbb{S}(\theta) = \{\bar{\Phi}, \sigma\}$ で表記され，構造パラメータは $\theta = (\text{vec}(\bar{\Phi}), \sigma)'$ である．

現実に観察されるマッチングを $N \times N$ 行列 μ^o として[31]，このマッチングの下でタイプ k の男性とタイプ l の女性のマッチ数を $\bar{\mu}^o_{kl}$ と表記する[32]．さらに，タイプ k の男性とタイプ l の女性のうち独身を選んだ人の数をそれぞれ $\bar{\mu}^o_{k0}$ および $\bar{\mu}^o_{0l}$ とすれば，以下の結果が知られている．

命題 3.15 結婚–独身問題の TU ゲームにおいて CS 確率効用モデルを仮定し，ゲームの構造を $\mathbb{S}(\theta)$ とする．さらに

1. 独身の効用を 0 に基準化する．すなわち，$\bar{U}_{k0} = 0$ および $\bar{V}_{0l} = 0$ と仮定する．
2. 男女の確率効用項はともにパラメータ σ のタイプ I 極値分布に従うと仮定する．

このとき男女間のタイプ別マッチ価値 $\bar{\Phi}_{kl}$ は定数倍の不定性を除いて識別される．また確率効用関数の分布パラメータを $\sigma = 1$ とすれば，タ

---

[31] 結婚–独身問題では，独身者の存在により観察されるマッチング行列 μ^o の行和 $\sum_i \bar{\mu}^o_{ij}$ および列和 $\sum_j \bar{\mu}^o_{ij}$ は必ずしも 1 とはならない．また総和についても $\sum_i \sum_j \bar{\mu}^o_{ij} \leq N$ となる

[32] 定義は (3.34) 式で与えられる．

イプ k の男性とタイプ l 間のマッチ価値の一致推定量は

$$\widehat{\Phi}_{kl} = \log\left\{\frac{(\bar{\mu}_{kl}^o)^2}{\bar{\mu}_{k0}^o \bar{\mu}_{0l}^o}\right\} \tag{3.47}$$

で与えられる．ただし，$\bar{\mu}_{kl}^o$ は観察されるマッチングにおけるタイプ k の男性とタイプ l の女性のマッチ数である．

3.5.2 結婚からの期待効用

これまでの分析から結婚問題または結婚-独身問題に CS 確率効用モデルを導入し，適切な構造の仮定をおけば結婚のマッチ価値 Φ が識別されることが明らかになった．以下では，結婚から得る利得 (u,v) の**期待値**についても識別が可能であることを示そう．

以下では構造 $\mathbb{S}(\theta)$ の結婚-独身問題を考え，命題 3.15 で与えた仮定が満たされているとする．このとき，(3.41) 式と (3.42) 式と同様な関係式として

$$\frac{\bar{U}_{kl}^o - \bar{\tau}_{kl}}{\sigma^o} = \log\left(\frac{\bar{\mu}_{kl}^o}{\bar{\mu}_{k0}^o}\right) \tag{3.48}$$

$$\frac{\bar{V}_{kl}^o + \bar{\tau}_{kl}}{\sigma^o} = \log\left(\frac{\bar{\mu}_{kl}^o}{\bar{\mu}_{0l}^o}\right) \tag{3.49}$$

が成立することは容易に示すことができる．また，タイプ k の男性とタイプ l の女性が結婚後に得る利得の期待値は (3.45) 式と (3.46) 式から

$$\mathrm{E}u_k = \mathrm{E}\left[\max\left\{\max_l\{\bar{U}_{kl}^o - \bar{\tau}_{kl} + \varepsilon_{il}\}, \bar{U}_{k0}^o + \varepsilon_{i0}\right\}\right]$$

$$\mathrm{E}v_l = \mathrm{E}\left[\max\left\{\max_k\{\bar{V}_{kl}^o + \bar{\tau}_{kl} + \eta_{kj}\}, \bar{V}_{0l}^o + \eta_{0j}\right\}\right]$$

となる．ここで $\bar{U}_{kl}^o$ と $\bar{V}_{kl}^o$ は観察されるマッチング μ^0 と整合的な男女

の効用であり，構造パラメータ $\theta^o = (\text{vec}(\bar{\Phi}^o), \sigma^o)'$ について $\bar{U}_{kl}^o + \bar{V}_{kl}^o = \bar{\Phi}_{kl}^o$ である．また，独身のときの効用は 0 に基準化するので $\bar{U}_{k0}^o = \bar{V}_{0l}^o = 0$ である．

さらに，確率効用項が $\sigma^o = 1$ のタイプ I 極値分布に従う場合には，よく知られた結果として以下の関係式が得られる[33]．

$$\mathrm{E} u_k = \gamma + \log \left\{ \exp(\bar{U}_{k0}^o) + \sum_{l=1}^{L} \exp\left(\bar{U}_{kl}^o - \bar{\tau}_{kl}\right) \right\} \quad (3.50)$$

$$\mathrm{E} v_l = \gamma + \log \left\{ \exp(\bar{V}_{0l}^o) + \sum_{k=1}^{K} \exp\left(\bar{V}_{kl}^o + \bar{\tau}_{kl}\right) \right\} \quad (3.51)$$

ただし，γ はオイラーの定数である[34]．同様に，タイプ k の男性とタイプ l の女性が結婚しない場合の期待利得をそれぞれ $\mathrm{E} u_0$ と $\mathrm{E} v_0$ と表記すれば，

$$\mathrm{E} u_0 = \mathrm{E}\left(\bar{U}_{k0}^o + \varepsilon_{i0}\right) = \mathrm{E}(\varepsilon_{i0}) = \gamma, \quad (3.52)$$

$$\mathrm{E} v_0 = \mathrm{E}\left(\bar{V}_{0l}^o + \eta_{0j}\right) = \mathrm{E}\left(\eta_{0j}\right) = \gamma \quad (3.53)$$

となる．

最後に男性と女性の期待利得である (3.50) 式と (3.51) 式に (3.48) 式と (3.49) 式を代入して，さらに男女の各タイプの人数についての恒等式[35]

$$C_k^{mo} N = \bar{\mu}_{k0}^o + \sum_{l=1}^{L} \bar{\mu}_{kl}^o$$

---

[33] 同様の計算結果が Small and Rosen (1981) に示されている．
[34] オイラーの定数は $\gamma \simeq 0.57722$ である．
[35] これらは結婚問題における列周辺合計の (3.30) 式と行周辺合計の (3.31) 式に対応している．

$$C_l^{wo} N = \bar{\mu}_{0l}^o + \sum_{k=1}^{K} \bar{\mu}_{kl}^o$$

を利用して書き換えを行えば

$$\mathrm{E}u_k = \gamma + \log\left(\frac{C_k^{mo} N}{\bar{\mu}_{k0}^o}\right) \tag{3.54}$$

$$\mathrm{E}v_l = \gamma + \log\left(\frac{C_l^{wo} N}{\bar{\mu}_{0l}^o}\right) \tag{3.55}$$

という結果を得る.

したがって，(3.52) 式と (3.54) 式から，結婚の**期待純利得**（= 結婚した場合と結婚しなかった場合の期待利得の差）はタイプ k の男性について

$$\mathrm{E}u_k - \mathrm{E}u_0 = \log\left(\frac{C_k^{mo} N}{\bar{\mu}_{k0}^o}\right) \tag{3.56}$$

と推定される．さらに，結婚の期待純利得はプレイヤーのタイプごとに異なり，タイプ k' の男性とタイプ k の男性の間の結婚の期待純利得の差の推定値は

$$\mathrm{E}u_{k'} - \mathrm{E}u_k = \log\left(\frac{C_{k'}^{mo}}{C_k^{mo}}\right) - \log\left(\frac{\bar{\mu}_{k'0}^o}{\bar{\mu}_{k0}^o}\right)$$

で与えられる．同様にタイプ l' の女性とタイプ l の女性の間の期待純利得の差の推定値についても (3.53) 式と (3.55) 式から

$$\mathrm{E}v_{l'} - \mathrm{E}v_l = \log\left(\frac{C_{l'}^{wo}}{C_l^{wo}}\right) - \log\left(\frac{\bar{\mu}_{0l'}^o}{\bar{\mu}_{0l}^o}\right)$$

という関係式が得られる．

例 3.16 結婚–独身問題のマッチング結果が表 3.7 で与えられていると

表 3.7 観察される学歴間マッチと独身者数

	女性 低学歴 ($l=1$)	女性 高学歴 ($l=2$)	男性独身者
男性 低学歴 ($k=1$)	$\bar{\mu}^o_{11}=10$	$\bar{\mu}^o_{12}=10$	$\bar{\mu}^o_{10}=10$
高学歴 ($k=2$)	$\bar{\mu}^o_{21}=20$	$\bar{\mu}^o_{22}=30$	$\bar{\mu}^o_{20}=20$
女性独身者	$\bar{\mu}^o_{01}=10$	$\bar{\mu}^o_{02}=20$	

する.ただし,男女を学歴で分類し,タイプ 1 を低学歴,タイプ 2 を高学歴とする.この表では男性の独身者数は最終列に,女性の独身者数は最終行に示されている.このマッチング結果から計算される男性のタイプの分布は $(C^{mo}_1, C^{mo}_2) = (\frac{3}{10}, \frac{7}{10})$ であり,女性のタイプの分布は $(C^{wo}_1, C^{wo}_2) = (\frac{4}{10}, \frac{6}{10})$ である.このマッチング結果が与えられたときに,タイプ別マッチ価値は (3.47) 式で推定することができる.たとえば,高学歴の男女が結婚したときのマッチ価値は $\hat{\Phi}_{22} = \log(9/4)$ で推定される.また (3.47) 式から高学歴と低学歴の男性の結婚の期待順利得の推定値はそれぞれ $\log(7/2)$ と $\log(3)$ で与えられる.よって,平均的にみれば,高学歴の男性のほうが低学歴の男性に比べて結婚することで得られる効用は大きいという推定結果になっている.

3.6 構造パラメータの推定

ここでは結婚問題の TU ゲームの構造パラメータを推定する統計的方法を前節よりも詳細に説明する[36]．系 3.13 では，結婚問題に CS 確率効用モデルを導入すれば，ある条件の下で TU マッチングゲームのマッチ価値を識別し，推定することが可能であることを示した．ただし，そこでは単一のマッチ分布が観察されることが前提となっていた．以下では，ある集団に対して結婚マッチの分布が複数回観察される状況でマッチ価値を推定することを考える．

3.6.1 計量経済モデルの定式化

研究者は一つの地域の男女について誰と誰が結婚したかというマッチングのデータを T 年分保有していると仮定する．$t=1,\ldots,T$ 年に観察されるマッチングを $\mu_t^o \in \mathscr{M}$ で表記する．ある $t=1,\ldots,T$ 年における結婚問題の参加者数は男女それぞれ N_t であるとして，その年の男性の集合を $M_t = \{1,\ldots,N_t\}$，女性の集合を $W_t = \{1,\ldots,N_t\}$ とする．また，参加者の男女はいくつかのタイプに分類され，男女のタイプ数をそれぞれ K，L とする．このように結婚問題の参加者数は時間とともに変化するが，男女を分類したタイプ数は時間を通じて不変と仮定する．

いま結婚問題を TU ゲームで記述し，CS 確率効用モデルを使ってプレイヤーの効用を定式化する．ただし，研究対象地域の男女が結婚の効用は時間を通じて不変と仮定する[37]．つまり t 年におけるタイプ k の

---

[36] 本節で示す推定方法は結婚-独身問題にも適用することができる．以下では説明の重複を避けるため，結婚問題を例に解説を行う．

[37] 結婚問題の TU ゲームの顕示選好分析において効用が時間不変でなく，ドリフトをもって変化する場合の推定方法については Chiappori, et al. (2011) を参照のこと．

男性 i とタイプ l の女性 j の結婚に対する効用を

$$U_{ijt} = \bar{U}_{kl} + \varepsilon_{ilt}$$
$$V_{ijt} = \bar{V}_{kl} + \eta_{kjt}$$

と定式化する．一方，効用の個人的および時間的変動は確率効用項 ε_{ijt} と η_{ijt} で説明される．その期待値について全 t 年のすべてのタイプ k の男性 i とタイプ l の女性 j について $\mathrm{E}(\varepsilon_{ilt}) = \mathrm{E}(\eta_{kjt}) = 0$ と仮定する．また男女の確率効用項は男女間およびタイプ間で互いに無相関であると仮定し，年 $t \neq t'$ における異なるタイプ $k \neq k'$ の男性 $i \in M_k, i' \in M_{k'}$ と異なるタイプ $l \neq l'$ の女性 $j \in W_l, j' \in W_{l'}$ について

$$\mathrm{E}(\varepsilon_{ilt}\varepsilon_{i'l't}) = 0, \quad \mathrm{E}(\eta_{kjt}\eta_{k'j't}) = 0,$$
$$\mathrm{E}(\varepsilon_{ilt}\eta_{i'l't}) = 0, \quad \mathrm{E}(\varepsilon_{kjt}\eta_{k'j't'}) = 0$$

とする．さらに確率効用項には系列相関はないものと仮定し，年 $t \neq t'$ における男性 $i \in M_k$ と女性 $j \in W_l$，について

$$\mathrm{E}(\varepsilon_{ilt}\varepsilon_{ilt'}) = 0, \quad \mathrm{E}(\eta_{kjt}\eta_{kjt'}) = 0$$

とする．さらに確率効用項 ε_{ilt} と η_{kjt} は独立かつ同一に分布すると仮定し，その分布関数を $F(\epsilon|\sigma)$ とする．この場合の TU ゲームの構造は $\mathbb{S}(\theta) = \{\bar{\Phi}, F(\epsilon|\sigma)\}$ で与えられるので，ここでの顕示選好分析は観察された T 年のマッチングデータ $(\mu_1^o, \ldots, \mu_T^o)$ から，モデルの時間不変な構造パラメータ $\theta = (\mathrm{vec}(\bar{\Phi}), \sigma)'$ を推定する問題として与えられる．

3.6.2 安定マッチングの確率分布

結婚問題の TU ゲームの安定マッチングは確率変数となることに注意しよう．すなわち，構造 $\mathbb{S}(\theta)$ が時間不変であっても，確率的な効用項により $\mathbb{A}(\Phi^{\mathbb{S}(\theta)})$ で与えられる TU ゲームの安定マッチングは各期で確率的な変動を持つ．ここで $(\tilde{\varepsilon}_{ilt}, \tilde{\eta}_{kjt})$ を t 期におけるタイプ k の男性

i とタイプ l の女性 j の確率効用項の実現値として，t 期のマッチ価値の実現値を $\tilde{\Phi}_t^{\mathbb{S}(\theta)}$ で表記すれば，

$$\tilde{\Phi}_t^{\mathbb{S}(\theta)} = \left\{ \tilde{\Phi}_{ijt}^{\mathbb{S}(\theta)} \middle| i \in M_t; j \in W_t \right\}$$

$$ただし \; \tilde{\Phi}_{ijt}^{\mathbb{S}(\theta)} = \bar{\Phi}_{kl} + \tilde{\varepsilon}_{ilt} + \tilde{\eta}_{kjt}$$

となる．よって，構造 $\mathbb{S}(\theta)$ の TU ゲームにおいて t 期の安定マッチングが観察されるマッチング μ_t^o と一致する確率は

$$\begin{aligned}\text{Prob}(\mathbb{A}(\Phi^{\mathbb{S}(\theta)}) &= \mu_t^o) \\ &= \int \mathbb{1}\left[\mathbb{A}(\tilde{\Phi}_t^{\mathbb{S}(\theta)}) = \mu_t^o\right] dF(\tilde{\varepsilon}_{ilt}|\sigma) dF(\tilde{\eta}_{kjt}|\sigma) \end{aligned} \quad (3.57)$$

で与えられる．確率効用項は系列相関がないという仮定により，T 年のマッチングデータ $(\mu_1^o, \ldots, \mu_T^o)$ が得られる確率は

$$\text{Prob}(\mu_1^o, \ldots, \mu_T^o | \theta) = \prod_{t=1}^{T} \text{Prob}(\mathbb{A}(\Phi^{\mathbb{S}(\theta)}) = \mu_t^o) \quad (3.58)$$

となる．これは構造 $\mathbb{S}(\theta)$ を持つ TU ゲームの構造パラメータ θ を推定するための尤度関数とも解釈できる．

3.6.3 最小距離推定

原理的には TU マッチゲームの構造パラメータ推定は (3.58) 式で与えられる同時確率を尤度関数として最尤法によって推定することが可

能である[38]．しかし，前節で示した識別結果を援用したモーメント推定を実行するのが簡便である．そのために系 3.13 で明示したように，CS 確率効用モデルの確率効用項の分布はパラメータ $\sigma = 1$ のタイプ I 極値分布にしたがっていると仮定しよう．確率効用項を ϵ として，その分布関数を $F(\epsilon|\sigma) = G(\epsilon)$ とする[39]．この結果から，各期間 $t = 1, \ldots, T$ において $\bar{\Phi}_{11}$ を除く全てのタイプ別マッチ価値 $\bar{\Phi}$ について，以下の積率条件を得ることができる．

$$\bar{\Phi}_{kl} - \log\left\{\frac{(\bar{\mu}_{klt}^o)^2}{\bar{\mu}_{k1t}^o \bar{\mu}_{1lt}^o}\right\} = 0 \tag{3.59}$$

ただし，$\bar{\mu}_{klt}^o$ は t 期に観察されたタイプ k の男性とタイプ l の女性のマッチ数とする．

前節で示した系 3.13 では確率効用項の分布を $G(\epsilon)$ とパラメータ化しただけでは，基準化したタイプについてのマッチ価値は識別されないことも示されている．よって，識別される構造パラメータとして $\bar{\phi} = \text{vec}(\bar{\Phi} \setminus \bar{\Phi}_{11})$ とする．識別されパラメータ $\bar{\phi}$ の最小距離 (minimum

---

[38] 尤度関数を構成する確率 (3.57) 式中に現れる多重積分は解析的には計算できないので，数値計算により値を求める必要がある．たとえば，前章で示したような受容-棄却シミュレータによるシミュレーション最尤法による推定が想定される．しかし，マッチングの TU ゲームの場合にはシミュレーションの過程で安定マッチングを発見するためには定理 3.2 で示されたように明示的に線形計画問題を解く必要がある．線形計画問題を解くアルゴリズムは効率的なものがいくつか知られているが，尤度関数評価のたびに線形計画問題を解くのは多大な時間がかかる．特に CS 確率効用モデルでは Large Market を前提とするのでプレイヤーの数 N は大きく，数値計算によって尤度を求めることは計算資源の観点からみて禁止的に費用が高い．よって実際の結婚問題の TU ゲームの顕示選好分析で最尤法およびシミュレーション最尤法を使って推定が行われた例はない．ただし，Galichon and Salanié (2012) は結婚問題の TU ゲームに特化した安定マッチング発見のアルゴリズムによるシミュレーション最尤法の可能性について言及している．

[39] つまり $G(\epsilon) = \exp\{-\exp(-\epsilon)\}$ である．

distance) 推定量は以下の最小化問題の解として

$$\hat{\bar{\phi}} = \arg\min_{\bar{\phi}} \sum_{t=1}^{T} \sum_{k=2}^{K} \sum_{l=2}^{L} \left[\bar{\Phi}_{kl} - \log \left\{ \frac{(\bar{\mu}_{klt}^o)^2}{\bar{\mu}_{k1t}^o \bar{\mu}_{1lt}^o} \right\} \right]^2$$

で与えられる[40].

3.7 実証研究例

結婚問題の TU ゲームに基づく顕示選好分析としては，まず，Choo and Siow (2006b) がある．彼らは米国の結婚データを使用し，年齢階層別のマッチ価値を推定した．さらに，70 年代から 80 年代にかけての若年齢層のマッチ価値の低下は妊娠中絶の合法化が原因であることを明らかにした．また Choo and Siow (2006a) では男女の結婚マッチングとともに同棲マッチングを分析対象に加え，結婚問題の顕示選好分析を行っている．彼らは CS 確率効用モデルを援用してカナダの男女の結婚および同棲における年齢階層別マッチ価値を推定した．さらに人口動態の変化が男女の結婚後の期待利得に与える影響についても定量化している．Chiappori, et al. (2011) は米国のデータを用いて結婚問題における学歴別のマッチ価値を推定した．さらに，学歴別マッチ価値が優モジュラー性を持つこと，また，大卒女性が結婚から得る期待利得は，高卒および高校中退の女性が結婚から得る期待利得に比べて増加する傾向にあることを明らかにした．

---

[40]最小距離推定量については，たとえば，Chamberlain (1982) を参照のこと．また最小距離推定以外の推定方法については Graham (2011) で示されている．

3.8 まとめと展望

　本章は結婚問題の TU ゲームについて顕示選好分析の手法を解説した．そのために，まず，Becker (1973) にしたがって結婚問題を TU ゲームとして定式化し，その安定マッチングはプレイヤー全員についての価値の総和を最大化するという Shapley and Shubik (1971) の定理を紹介した．また，安定マッチングは結婚相手の需要と供給が均衡する状態と解釈されることについても示した．次に，Choo and Siow (2006b) が提案する確率効用モデルを結婚問題の TU ゲームに構造として導入し，安定マッチングにおける需給均衡条件を援用して，男女が結婚から得られるマッチ価値を識別するための十分条件を示した．最後に，モーメント条件を利用したマッチ価値の推定方法についても解説した．

　本章では Choo and Siow (2006b) の提案する定式化に沿って結婚問題の TU ゲームの顕示選好分析についての説明を行ったが，これ以外にも代替的な確率効用モデルはいくつか提案されている．たとえば Fox (2010) や Fox and Young は CS 確率効用モデルで仮定されたようなプレイヤーのタイプに基づく効用関数の代わりに，プレイヤーの連続的な属性に基づく効用関数を用いて TU ゲームの構造を定義し，その構造パラメータの識別のための十分条件を提示している．また，Chiappori, et al. (2011) および Galichon and Salanié (2012) は CS 確率効用モデルに依拠しながらも，Choo and Siow (2006b) よりも弱い十分条件で構造パラメータの識別を示すことに成功している．

　このように結婚問題の顕示選好分析は近年発展が著しく，活発な研究が行われている実証経済分析の領域となっている．今後のこの分野における分析手法の進化と分析対象の広まりを注意深く見守っていきたい．

関連文献

Ackerberg, D., L. C. Benkard, S. Berry, and A. Pakes (2007). "Econometric Tools for Analyzing Market Outcomes". In J. Heckman and E. Leamer, (eds), *Handbook of Econometrics*, volume 6. Elsevier, Ch. 63.

Bajari, P., H. Hong, and S. Ryan (2010). "Identification and Estimation of a Discrete Game of Complete Information". *Econometrica*, **78**, pp.1529–1568.

Becker, G. S. (1973). "A Theory of Marriage: Part I". *The Journal of Political Economy*, **81**, pp. 813–846.

Berry, S. (1992). "Estimation of a Model of Entry in The Airline Industry". *Econometrica*, **60**, pp.889–917.

Berry, S. and P. C. Reiss (2007). "Empirical Models of Entry and Market Structure". In M. Armstrong and R. Porter, (eds), *Handbook of Industrial Organization*, volume 3. Elsevier, Ch. 29.

Boyd, D., H. Lankford, S. Loeb, and J. Wyckoff (2013). "Analyzing the Determinants of the Matching of Public School Teachers to Jobs: Disentangling the Preferences of Teachers and Employers". *Journal of Labor Economics*, **31**, pp.83–117.

Bresnahan, T. F. and P. C. Reiss (1990). "Entry in Monopoly Markets". *The Review of Economic Studies*, **57**, pp.531–553.

Bresnahan, T. F. and P. C. Reiss (1991). "Empirical Models of Discrete Games". *Journal of Econometrics*, **48**, pp.57–81.

Browning, M., P.-A. Chiappori, and Y. Weiss (2014). *Economics of the Family*. Cambridge University Press.

Chamberlain, G. (1982). "Multivariate Regression Models for Panel Data". *Journal of Econometrics*, **18**, pp.5–46.

Chen, J. and K. Song (2012). "Two-Sided Matching and Spread Determinants in the Loan Market". mimeo.

Chernozhukov, V., H. Hong, and E. Tamer (2007). "Estimation and Confidence Regions for Parameter Sets in Econometric Models". *Econometrica*, **75**, pp.1243–1284.

Chiappori, P.-A., B. Salanié, and Y. Weiss (2011). "Partner Choice and the Marital College Premium". mimeo.

Choo, E. and A. Siow (2006a). "Estimating a Marriage Matching Model with Spillover Effects". *Demography*, **43**, pp.463–490.

Choo, E. and A. Siow (2006b). "Who Marries Whom and Why". *Journal of Political Economy*, **114**, pp.175–201.

Ciliberto, F. and E. Tamer (2009). "Market Structure and Multiple Equilibria in Airline Markets". *Econometrica*, **77**, pp.1791–1828.

Clark, S. (2006). "The Uniqueness of Stable Matchings". *BE Press - Contributions to Theoretical Economics*, **6**, pp.1–28.

Dantzig, G. B. (1963). *Linear Programming and its Extensions*. Princeton University Press, Princeton, NJ.

Del Boca, D. and C. J. Flinn (2012). "Household Behavior and the Marriage Market". mimeo.

Echenique, F., S. Lee, and M. Shum (2013). "Partial Identification in Two-sided Matching Models". mimeo.

Eeckhout, J. (2000). "On the Uniqueness of Stable Marriage Matchings". *Economic Letters*, **69**, pp.1–8.

Fox, J. T. (2010). "Identification in matching games". *Quantitative Economics*, **1**.

Fox, J. T. and C. Yang (2012). "nobserved Heterogeneity in Matching Games". NBER Working Paper No. 18168.

Gale, D. and L. Shapley (1962). "College Admissions and the Stability of Marriage". *The American Mathematical Monthly*, **69**, pp.9–15.

Galichon, A. and B. Salanié (2012). "Cupid's Invisible Hand: Social Surplus and Identification in Matching Models". mimeo.

Geweke, J. and M. Keane (2001). "Computationally Intensive Methods for

Integration in Econometrics". In J. Heckman and E. Leamer, (eds), *Handbook of Econometrics*, volume 5. Elsevier, Ch. 56.

Gordon, N. and B. Knight (2009). "A Spatial Merger Estimator with an Application to School District Consolidation". *Journal of Public Economics*, **93**.

Gourieroux, C. S. and A. Monfort (1993). "Simulation Based Inference : A Survey with Special Reference to Panal Data Models". *Journal of Econometrics*, **59**, pp.5–33.

Graham, B. S. (2011). "Econometric Methods for the Analysis of Assignment Problems in the Presence of Complementarity and Social Spillovers". In J. Benhabib, A. Bisin, and M. O. Jackson, (eds), *Handbook of Social Economics*, volume 1. Elsevier, Ch. 19.

Graham, B. S., G. W. Imbens, and G. Ridder (2014). "Complementarity and Aggregate Implications of Assortative Matching: A Nonparametric Analysis". *Quantitative Economics*, **5**, pp.29–66.

Hitsch, G. J., A. Hortaçsu, and D. Ariely (2010). "Matching and Sorting in Online Dating". *The American Economic Review*, **100**, pp.130–163.

Hsieh, Y.-W. (2011). "Understanding Mate Preferences from Two-Sided Matching Markets: Identication, Estimation and Policy Analysis". mimeo.

Imbens, G. W. and C. F. Manski (2004). "Confidence Intervals for Partially Identified Parameters". *Econometrica*, **72**, pp.1845–1857.

Jovanovic, B. (1989). "Implications of Models with Multiple Equilibria". *Econometrica*, **59**, pp.1431–1437.

Manski, C. F. (1988). *Analog Estimation Methods in Econometrics*. Chapman and Hall.

Manski, C. F. (2007). *Identification for Prediction and Decision*. Harvard University Press.

Manski, C. F. and E. Tamer (2002). "Inference on Regressions with Interval Data on a Regressor or Outcome". *Econometrica*, **70**, pp.519–546.

McFadden, D. (1974). "Conditional Logit Analysis of Qualitative Choice

Behavior". In P. Zarembka, (ed), *Frontiers in Econometrics*. Academic Press, Ch. 4.

McFadden, D. (1989). "A Method of Simulated Moments for Estimation of Discrete Response Models without Numerical Integration". *Econometrica*, **57**, pp.995–1026.

Pakes, A. and D. Pollard (1989). "Simulation and the Asymptotics of Optimization Estimators". *Econometrica*, **57**, pp.1027–1057.

Pakes, A., J. R. Porter, K. Ho, and J. Ishii (2011). "Moment Inequalities and Their Application". mimeo.

Rogerson, R., R. Shimer, and R. Wright (2005). "Search-Theoretic Models of the Labor Market: A Survey". *The Journal of Economic Literature*, **43**, pp.959–988.

Roth, A. E. and M. A. O. Sotomayor (1992). *Two-Sided Matching: A Study in Game-Theoretic Modeling and Analysis*. Cambridge University Press.

Roth, A. E. and J. H. Vande Vate (1990). "Random Paths to Stability in Two-Sided Matching". *Econometrica*, **58**, pp.1475–1480.

Samuelson, P. (1948). "Consumption Theory in Terms of Revealed Preference". *Economica*, **15**, pp.243–253.

Shapley, L. S. and M. Shubik (1971). "The Assignment Game I: The core". *International Journal of Game Theory*, **1**, pp.111–130.

Siow, A. (2012). "Testing Becker's Theory of Positive Assortative Matching". mimeo.

Sørensen, M. (2007). "How Smart Is Smart Money? A Two-Sided Matching Model of Venture Capital". *Journal of Finance*, **62**, pp.2725–2762.

Train, K. E. (2009). *Discrete Choice Methods with Simulation*. New York: Cambridge University Press.

Uetake, K. and Y. Watanabe (2012). "Entry by Merger: Estimates from a Two-Sided Matching Model with Externalities". mimeo.

Yang, Y., M. Shi, and A. Goldfarb (2009). "Estimating the Value of Brand Alliances in Professional Team Sports". *Marketing Science*, **28**, pp.1095–1111.

中山幹夫 (2012). 『協力ゲームの基礎と応用』. 勁草書房.

今野浩 (1987). 『線形計画法』. 日科技連出版社.

山田昌弘・白河桃子 (2008). 『「婚活」時代』. ディスカヴァー・トゥエンティワン.

岡田章 (2011). 『ゲーム理論 新版』. 有斐閣.

坂井豊貴 (2010). 『マーケットデザイン入門——オークションとマッチングの経済学』. ミネルヴァ書房.

今井亮一・佐々木勝・清水崇・工藤教孝 (2007). 『サーチ理論——分権的取引の経済学』. 東京大学出版会.

著者紹介

中嶋　亮

1995年　京都大学農学部卒業
1997年　京都大学農学部生物資源経済学科修士課程修了
2004年　ニューヨーク大学経済学部博士課程修了，Ph.D
現在　慶應義塾大学経済学部准教授
　　　元・三菱経済研究所研究員

マッチングゲームの実証分析

2015年2月 5日印刷
2015年2月10日発行

定価　本体1,700円＋税

著　者　中嶋　亮（ナカジマ　リョウ）

発行所　公益財団法人　三菱経済研究所
　　　　東京都文京区湯島4-10-14
　　　　〒113-0034 電話(03)5802-8670

印刷所　株式会社　国際文献社
　　　　東京都新宿区高田馬場3-8-8
　　　　〒169-0075 電話(03)3362-9741〜4

ISBN 978-4-943852-50-6